KB236467

읽고 묵상하는 성경 공부 시리즈 **믿음의 나무 5**
믿음의 가지 교실 1권

말씀의빛

읽고 묵상하는 성경 공부 시리즈 믿음의 나무 5
믿음의 가지 교실 1권

지은이/김연수
펴낸이/김하정
펴낸곳/말씀의빛
편집책임/김지훈
디자인/김지훈
출판신고/2025년 11월 24일 제2025-000008호
초판 1쇄 인쇄/2026년 1월 6일
초판 1쇄 발행/2026년 1월 15일

주소/인천 동구 화도진로187 만석비치타운 110동 1204호
전화/010-6323-2067
ISBN 979-11-996090-4-4

성경 공부 시리즈 「믿음의 나무」를 발간하면서

성경 공부 시리즈 「믿음의 나무」는 농부가 옥토를 찾아 '씨앗'을 심은 후에 '뿌리'를 내리고 '가지'를 뻗고 나서 '열매'를 맺듯이, 신앙의 기초에서 시작해서 성장을 거쳐 삶 속에서 믿음을 실천하도록 돕는 것을 목적으로 제작한 성경 공부 교재입니다. 필자는 목사 안수를 받은 후 교회 현장에서 16년의 목회 경험과 장년 성경 공부 10여 년의 인도 경험을 바탕으로, 말씀을 사랑하지만 어디서부터 시작해야 할지 몰라 머뭇거리는 성도들을 돕고자 이 시리즈를 집필하였습니다. 신앙 성숙의 원리를 구체적인 상황과 연결함으로써 '말씀을 아는 성도'에서 '말씀을 살아내는 제자'로 성장하도록 이끌고자 했습니다. 이 시리즈의 교재들을 배우고 익히면서 한 걸음씩 말씀을 따라가다 보면, 씨앗이 심겨지고 뿌리를 내리며, 가지를 풍성하게 뻗어서 아름다운 열매를 맺는 신앙 성장의 은혜를 누리게 될 것입니다. 본서에 인용된 모든 성경 구절은 「개역개정」을 따릅니다.

성경 공부 시리즈 「믿음의 나무」를 아래와 같이 구성했습니다. 본 교재는 3단계 : 「믿음의 가지 교실 Ⅰ권」입니다.

- 1단계 : 「믿음의 씨앗 교실 Ⅰ권」
  「믿음의 씨앗 교실 Ⅱ권」

- 2단계 : 「믿음의 뿌리 교실 Ⅰ권」
  「믿음의 뿌리 교실 Ⅱ권」

- 3단계 : 「믿음의 가지 교실 Ⅰ권」
  「믿음의 가지 교실 Ⅱ권」

- 4단계 : 『믿음의 열매 교실 Ⅰ권』
    『믿음의 열매 교실 Ⅱ권』

　본 시리즈의 각 교재들은 '단계적 연속성'을 지닙니다. 따라서 1단계 Ⅰ권부터 4단계 Ⅱ권까지 여덟 권을 차례대로 공부하면 좋겠지만, 그렇다고 해서 반드시 순서를 따를 필요는 없습니다. 어느 단계의 교재이든지 마음이 가는 것을 골라서 하나님 말씀을 배우고 묵상하면서 순종으로 이어 가겠다는 마음이면 충분합니다.

　필자는 본 시리즈의 교재들을 우선적으로 개인이 하루에 한 과씩 정독하고 묵상하면서 공부하도록 설계하였습니다. 교재의 내용들을 연속으로 읽어 내려가기보다는, 조용한 장소를 찾아서 하루에 한 과씩 내용을 읽고 묵상하신 후에 마지막 단락에 있는 "성경 공부를 통해서 얻은 통찰 메모하기"로 마무리하시길 권합니다. 아울러 본 교재는 소그룹 나눔과 강의식 성경 공부에도 무리 없이 활용할 수 있도록 내용이 구성되어 있습니다. 개인 학습으로 다져진 통찰을 공동체와 함께 나누되, 리더의 강의와 토론을 통해 이해를 확장하고 교재에 있는 여러 나눔의 내용들을 소그룹 안에서 나누실 것을 권합니다. 이러한 나눔과 피드백의 선순환이 배움이 생활의 습관으로 이어지도록 도움을 줄 것입니다.

　시리즈의 각 교재들마다 '나눔 거리'(객관식과 주관식)를 풍성하게 담아서, 독자들이 배운 내용을 공부하는 자리에서 되새기면서 적용하도록 하였습니다. '나눔 거리'는 성경 지식을 머리에만 머물지 않고, 마음과 삶으로 옮겨가도록 돕는 통로가 됩니다. 나눔을 통해서 말씀이 구체적인 삶의 적용점으로 이어지며, 나아가서 '개인의 깨달음'이 '공동체의 지혜'로 확장되는 징검다리가 될 것입니다. '나눔 거리'는 대부분 객관식으로서, 객관식 나눔의 답이 하나일 때도 있고 여러 개일 때도 있고 전부일 때도 있습니다. 주관식 나눔도 일부 들어가 있는데, 주관식 나눔의 목적을 교재의 내용을 묵상하는 중에 나눔을 천천히 읽고 곰곰이 생각해 보는 과정을 가짐으로써, 사고의 폭이 넓어지고 삶의 실천으로까지 나아가도록 하는 데에 두었습니다. 교재의 마지막 부분에 객관식 나눔의 답과 주관식 나눔에 대한 예시 답변을 실어놓았으니, 묵상을 마치신 후에 참조하시면 되겠습니다.

본 시리즈는 '지식'을 넘어 '삶'으로 이어지는 믿음의 여정으로 안내하는 것에 주안점을 두었습니다. 본 시리즈의 교재들이 독자들에게 하나님과의 관계를 다시금 점검하면서, 흔들림 없는 믿음으로 나아가도록 그 토대를 세워 줄 것입니다. 바라기는 본 시리즈의 교재들을 접하는 모든 이들이 말씀의 반석 위에 굳건히 서며, 신앙 공동체 안에서 함께 믿음의 성장을 이루어가는 기쁨을 누리게 되기를 소망합니다.

본 교재(『믿음의 가지 교실 Ⅰ권』)는 10주 과정으로서, '믿음'이라는 주제를 심도 있게 다루었습니다. 신앙생활의 근저인 '믿음'을 널리 다루면서, 믿음의 성격과 방향을 다각도로 살펴보았습니다. 전반부에서는 믿음의 본질과 그 대상이신 하나님을 살피고, 믿음의 성격과 믿음의 자리를 통해서 믿음이 삶의 중심과 관계 속에서 드러남을 배웁니다. 이어서 기도와 말씀을 통한 믿음의 습관과 시험 속에서 지켜야 할 믿음의 과제를 다룹니다. 마지막으로 믿음의 가치와 공동체 안에서의 교제, 그리고 믿음의 확신으로 굳어지는 과정을 제시합니다. 『믿음의 가지 교실 Ⅰ권』의 목적은 믿음의 본질과 성격에서부터 기도와 말씀과 공동체와 믿음의 확신에 이르기까지, 믿음의 전 과정을 다루면서 독자들이 균형 잡힌 성숙한 신앙을 세워 가도록 하는 데에 있습니다.

원고 집필 과정 내내 관심과 기도로 응원해 주신 모든 분들께 감사를 드립니다. 특별히 광성교회에서 10년간 성경 공부를 인도할 수 있도록 배려해 주신 남광현 위임목사님께 감사드립니다. 목사님의 관심과 넓은 배려 속에서 풍부한 성경 공부 경험을 쌓을 수 있었습니다. 그리고 지난 10여 년 동안 저의 성경 공부 강의에 성실하게 참여하신 광성교회의 여러 성도님들께도 감사드립니다. 바쁜 목회 일정 속에서도 본 교재의 디자인을 맡아 주신 김지훈 목사님께 깊이 감사드립니다. 세심한 미감과 구조화 덕분에 글의 내용의 가독성과 전달력이 한층 높아졌습니다. 본문을 정성껏 교정해 준 동생 김지연 집사에게도 감사의 마음을 전합니다. 꼼꼼하게 오타를 점검하면서 문장을 다듬어줌으로써 글의 정확성과 품격이 크게 향상되었습니다.

바라기는 이 작은 책이 하나님을 사랑하는 독자들의 신앙 여정에 따뜻하고 섬세한 동반자가 되기를 바랍니다.

2025년 11월 24일
김 연 수

이 책을 개인적으로 공부하는 방법

(매일 또는 한 주에 한 과씩 10주 과정으로 읽고 묵상하실 것을 권합니다.)

1. 공부 준비(3분): 교재와 함께 필기구를 준비하고 조용한 장소를 찾아서 기도를 한 후에 성경 공부를 시작합니다.

2. 개요 파악(5분): "학습 포인트"를 읽은 후에 해당 과가 어떤 소제목들과 내용으로 구성되어 있는지를 훑어보면서 파악합니다.

3. 본문 읽기(20분): 본문을 정독해서 읽어 내려가는 중에 핵심 문장들에 밑줄을 긋고 그 의미를 새겨봅니다.

4. "함께 나누어요"(17분): 본문의 마지막 항목마다 "나눔 거리"가 들어가 있습니다. 정답 유도형 나눔이 아니라 자기반성적이고 성찰적인 성격의 나눔입니다. 읽은 본문을 근거로 답을 찾도록 구성되어 있어서, 객관식 나눔의 정답을 쉽게 찾을 수 있습니다. 객관식 나눔에서는 정답과 틀린 답변들을 보면서, 나와 내가 속한 공동체가 어떤 모습을 띠는지를 잠깐씩 돌아보는 시간을 갖습니다. 주관식 나눔에서도 특별히 답을 찾으려 하지 말고 나눔의 의도가 어디에 있는지를 생각해 보는 정도이면 좋습니다. 중요한 것은 '정답'보다 '진심 어린 성찰'입니다. 교재의 마지막에 "함께 나누어요 - 정답"을 실어놓았으니, 성경 공부를 마친 후에 정답을 비교해 보시면 되겠습니다.

cf) 객관식 나눔의 정답이 하나일 때도 있고 여러 개일 때도 있습니다.

5. 통찰 메모와 마무리 기도(10분): 성경 공부를 마치면서 공부한 내용을 머리에 떠올리면서 마지막 메모 란에 "통찰"을 적습니다. 이때 통찰에 주중 실천 사항 한 가지 정도가 포함되면 좋습니다. 통찰을 기록한 후에 기도로 마무리하면서 성경 공부를 마칩니다.

이 책을 소그룹에서 공부하는 방법

(소그룹 리더용 - 한 주에 한 과씩 10주 과정으로 읽고 묵상하실 것을 권합니다.)

1. 오프닝 & 기도(5분): 리더가 소그룹 멤버들을 환영하고 서로 인사를 나누도록 한 후에 기도로 성경 공부를 시작합니다.

2. 개요 파악(5분): 리더가 소그룹 멤버들과 함께 "학습 포인트"를 읽으면서 해당 과가 어떤 소제목들과 내용으로 구성되어 있는지를 훑어보면서 파악하도록 이끕니다.

3. 본문 읽기(20분): 리더는 성경 공부 전에 본문의 각 소제목에서 핵심 설명이 무엇인지를 미리 파악하면서 요점을 파악하셔야 합니다. 성경 공부 시 미리 파악한 요점을 간략하게 설명합니다.

4. "함께 나누어요"(20분): 본문의 마지막 항목마다 "나눔 거리"가 들어가 있습니다. 정답 유도형 나눔이 아니라 자기반성적이고 성찰적인 성격의 나눔입니다. 읽은 본문을 근거로 답을 찾도록 구성되어 있어서, 객관식 나눔의 정답을 쉽게 찾을 수 있습니다. 객관식 나눔에서는 리더가 정답과 틀린 답변들을 가지고 지체들이 자신들의 신앙생활이 어떤지를 돌아보도록 이끌어야 합니다. 주관식 나눔에서도 특별히 답을 찾으려 하지 말고, 리더가 나눔의 의도가 어디에 있는지를 지체들이 생각하도록 이끄는 정도이면 좋습니다. 중요한 것은 '정답'보다 '진심 어린 성찰'입니다. 교재의 마지막에 "함께 나누어요 - 정답"을 실어놓았으니, 성경 공부를 준비하실 때 정답을 참조하면서 나눔의 방향성을 잡으시면 되겠습니다.

cf) 객관식 나눔의 정답이 하나일 때도 있고 여러 개일 때도 있습니다.

5. 통찰 메모와 마무리 기도(10분): 리더는 성경 공부를 마치면서 지체들이 공부한 내용을 머리에 떠올리면서 메모란에 "통찰"을 적도록 인도합니다. 지체들이 적은 통찰을 소그룹에서 짧게 나눈 후에 기도로 마무리하면서 성경 공부를 마칩니다.

추천의 글 1

김 명 용 (前 장로회신학대학교 총장, 온신학아카데미 원장)

김연수 목사가 성경 공부 시리즈 「믿음의 나무」(1-8권)를 펴내게 됨을 진심으로 기쁘게 생각합니다. 이 시대의 한국교회 성도들에게 꼭 필요한 성경 공부 교재입니다. 성경 지식을 전달하는 데만 머무르지 않고, 말씀을 삶으로 살도록 하는 실제적 동력을 제공해 줍니다. 매 과마다 학습 포인트를 먼저 제시하면서 본문과 나눔과 적용의 구조로 명확하게 이루어져 있어서 누구나 부담 없이 혼자서 이 교재를 읽으면서 공부할 수 있습니다. 나아가서 새가족반(기초반), 양육자반(중급반), 성숙자반(상급반) 등 다양한 소그룹 성경 공부 교재로도 손색이 없습니다. 교회 교육의 표준을 찾는 분들에게, 저는 확신을 가지고 이 시리즈를 추천합니다. 성경 공부 시리즈 「믿음의 나무」가 각 교회와 가정에서 성도들의 믿음의 토대를 깊게 세우고, 예수 그리스도의 제자의 삶을 일상 속에서 풍성하게 살아가도록 이끌기를 소망하면서 기쁨으로 본서를 권합니다.

추천의 글 2

정 성 진 (거룩한빛광성교회 은퇴목사, 실천신학대학원대학교 총장)

교회에서 예배 다음으로 중요한 것이 성경 공부요 목사의 사역 중 설교 다음으로 성경을 가르치는 것이 중요합니다. 성경 공부 교재를 만드는 분들은 대부분 기독교 교육 전공자들이고, 성서학을 전공하는 분들이 간혹 있습니다. 그런데 김연수 목사는 조직신학박사입니다. 조직신학자로서 방대한 분량의 성경 공부 교재를 발간한 일은 매우 드문 경우입니다. 김연수 목사의 목회 여정을 살펴보니 광성교회 부목사로서 성인 성경 공부를 9년간 인도하면서 그 경험을 바탕으로 시리즈별 성경 공부 82주 과정의 방대한 교재를 집필한 것임을 알게 되었습니다. 조직신학자가 집필한 성경 공부 교재답게 기초과정, 중급과정, 상급과정, 성숙자과정으로 체계적으로 잘 구성되어 있음을 보았습니다. 성인 성경 공부 교재가 부족한 한국교회에 매우 반가운 일입니다. 김연수 목사의 노고를 치하드리며 한국교회 성숙에 크게 이바지하게 될 것을 믿어 기쁨으로 추천하는 바입니다.

추천의 글 3

윤 철 호 (장로회신학대학교 명예교수)

성경 공부 시리즈 『믿음의 나무』는 신앙의 기초를 든든히 세우고 싶은 모든 성도에게 꼭 필요한 성경 공부 교재입니다. 저자의 풍부한 목회 경험이 담긴 이 책은 말씀을 알고-묵상하고-살아내는 신앙의 여정을 따뜻하게 안내합니다. 하루 한 과씩 묵상하도록 설계된 구성과 풍성한 나눔 요소는 개인 학습은 물론 소그룹 공부에도 탁월합니다. 신앙의 씨앗이 자라 뿌리를 내리고 열매 맺도록 돕는 귀한 도구로서, 말씀 앞에서 다시 출발하고자 하는 모든 분께 기쁘게 추천합니다.

추천의 글 4

최 윤 배 (前 장로회신학대학교 조직신학 교수/現 객원교수)

추천인은 김연수 박사님의 옥저, 성경 공부 시리즈 『믿음의 나무』(8권)를 크게 두 가지 이유에서 모든 평신도들과 신학도들과 목회자들에게 강력하게 기꺼이 추천드립니다.

첫째, 저자가 김연수 박사님이기 때문입니다. 추천인은 그의 장로회신학대학교 학부(Th.B.)와 신학대학원 교역학석사(M.Div.) 과정에서 만난 이후, 그의 조직신학 전공 신학석사(Th.M.) 학위논문과 신학박사(Th.D.) 학위논문 지도교수로 함께 하였습니다. 그리고 그는 조교로서 추천인을 옆에서 직접 돕기도 하였습니다. 오랫동안 가까이서 경험한 김연수 박사님은 한결같이 성실하고 신실한 믿음의 신학도이며, 전도사며, 목사며, 신학자였습니다.

둘째, 본서의 내용과 저술 방법 때문입니다. 이 땅에 수많은 신앙 서적들이 있지만, 아쉬움을 가진 서적들이 많습니다. 내용이 난해하거나 부실한 경우가 적지 않습니다. 그러나 김연수 박사님의 『성경 공부 시리즈』는 내용이 아주 성경적이고 복음적인 동시에, 신앙백과사전과 같은 방대한 성경과 교리 내용이 아주 간결하고도 명쾌하게 진술되어 있습니다. 이에 본서를 평신도와 신학도와 목회자 모두가 읽고 배우며 삶과 교회에 실천하길 바라면서, 한국교회의 성숙을 위해 자신 있게 추천합니다.

추천의 글 5

신 옥 수 (장로회신학대학교 조직신학 교수)

하나님의 신실한 종 김연수 목사가 성경 공부 교재를 출간하게 됨을 진심으로 축하 드립니다. 건강한 신앙과 탄탄한 신학적 지식을 바탕으로 짜임새 있게 구성된 책이라고 생각합니다. 무엇보다도 하나님의 말씀을 사랑하고 교회를 사랑하는 마음이 가득 담겨 있습니다. 다양한 주제를 통해 신앙의 기초를 쌓을 수 있도록 풍성한 말씀의 식탁을 베풀고 있습니다. 말씀을 묵상하고 함께 나눔으로써 성도들의 실제 생활에 적용할 수 있도록 구성되었습니다.

김목사님은 장로회신학대학교 대학원에서 조직신학 박사 학위를 취득했는데, 누구보다도 탁월하고 성실하며 근면한 모습을 보여주었습니다. 10여 년 동안 교회 현장에서 성도를 사랑하고 섬기는 한결같은 자세로 성경 공부를 인도해왔으며, 이제 그 열매를 한국교회 앞에 내놓게 되었습니다. 본 저서가 하나님의 말씀에 대한 열정을 지닌 성도들에게 마른 가뭄에 생수처럼 다가갈 수 있기를 바랍니다. 성도들의 삶의 변화를 낳는 소중한 기회를 제공함으로써 말씀 공동체의 성숙을 위한 디딤돌이 되기를 기대합니다.

남 광 현 (광성교회 위임목사)

김연수 목사님은 제가 아는 목사님들 중 가장 목사님다운 목사님 중 한 분입니다. 우리 교회 청년부를 맡으면서부터 알게 되어 지금까지 10년을 같이 동역한 목사님입니다. 그런데 그렇게 선할 수 없습니다. 목사님은 학창 시절 공고 출신으로서 학교 다닐 때 모자를 삐딱하게 쓰고, 가방에 연장을 들고 다녔고, 그리고 성인이 되어서는 인천 당구 300 정도였다 합니다. 예수님을 만나기 전의 김연수는 어떤 사람이었을까, 가히 짐작이 갈 것입니다. 그러나 제가 지난 10년 동안 경험한 김연수 목사님은 정말 선한 목자입니다. 그렇다면 무엇이 그를 이렇게 변화시켰을까? 예수님입니다. 그분의 말씀입니다.

이번에 출간하는 성경 공부 시리즈 「믿음의 나무」는 그것을 보여줍니다. '씨앗'에서부터 시작하여 '뿌리', '가지', 그리고 '열매'에 이르는 변화! 그 내용은 오늘의 김연수 목사를 가능하게 한 하나님을 향한 그의 신앙고백과도 같습니다. 그가 공부했고, 그가 살았고, 그가 경험했고, 이제 묻고 답하는 과정 속에서 알아가게 되는 하나님입니다.

김연수 목사님은 조직신학 박사이기도 하지만, 우리 광성교회에서 수년간 목회와 성경 공부 사역을 성심을 다해 섬겨 온 목자입니다. 이 책은 김연수 목사님의 신학적 고민과 목회적 통찰이 알차게 담긴 결실입니다. 본 시리즈는 성경 본문에 기초해서 교리와 삶을 유기적으로 연결하며, 개인 묵상과 소그룹 나눔이 자연스럽게 맞물리도록 설계되어 있습니다. 질문과 적용이 선명하고 한국교회 현실에 맞춘 예시들이 독자들의 일상 속 순종을 구체적으로 이끌어줍니다. 말씀을 '아는 것'에서 멈추지 않고 '따르는 것'으로 이끄는 구조가 돋보이며, 교회 공동체가 같은 언어로 복음을 고백하고 실천하도록 돕는 좋은 커리큘럼입니다.

저는 본 시리즈가 우리 교회의 성도들뿐 아니라 한국교회 곳곳의 소그룹과 교육부서에서 널리 쓰이기를 진심으로 권합니다. 김연수 목사의 신실한 신앙과 탄탄한 연구가 만들어 낸 이 귀한 교재를 기쁨으로 추천합니다.

차 례

1과. 믿음의 본질 - 22

2과. 믿음의 대상 - 34

믿음의 본질

1과. 믿음의 본질

1과. 믿음의 본질

믿음은 말씀을 들을 때 시작되며, 하나님을 기쁘시게 하려는 마음을 갖도록 합니다. 그 본질은 확신과 신뢰이며, 말씀과 기도와 공동체의 교제 속에서 힘을 얻어 일상의 선택과 행동으로 드러납니다. 믿음은 하나님과 한평생을 동행하는 전인격적 여정입니다. 신앙인들에게 흔들림과 시련은 믿음을 성숙으로 이끄는 통로가 됩니다. 믿음은 하나님의 은혜로 시작되며, 일상에서의 순종을 통해서 날마다 확인되고 자라납니다. 신앙인들의 믿음은 하나님의 선하심과 영광을 드러내는 삶으로 귀결됩니다. "믿음은 바라는 것들의 실상이요 보이지 않는 것들의 증거니"(히 11:1).

[들어가면서]

어느 강연자가 이런 말을 했습니다. "믿음이란 캄캄한 계단을 올라가는 것과 같다. 계단 전체가 보이지 않아도 첫발을 디딜 수 있는 용기가 믿음이다."

이 말을 들으면서 문득 엘리베이터를 기다릴 때의 모습을 떠올렸습니다. 버튼을 누른 후에 문이 열릴 거라는 확신을 가지고 묵묵히 기다립니다. 우리의 믿음도 그런 것 같습니다. 하나님을 전적으로 신뢰하기에, 전체가 보이지 않아도 한 계단씩 한 계단씩 내딛는 것이 믿음입니다. 때로는 흔들리기도 하지만, 그 과정에서 하나님을 더 깊이 알아가고, 우리의 믿음도 그만큼 자라납니다. 오늘 어떤 계단을 앞에 두고 계십니까? 믿음은 완벽한 이해가 아니라, 하나님께 향한 신뢰 속에서 한 걸음을 떼는 것입니다.

1. 믿음을 주시는 분, 하나님(God, the Giver of Faith)

대개 우리는 내가 하나님을 선택했고, 그래서 지금 신앙생활을 하고 있다고 생각합니다. "많은 신들 가운데서 내가 하나님을 선택했다. 그래서 지금 신앙생활을 하고 있다." 그러나 우리가 하나님을 믿게 된 것은 나의 결심이나 결단의 의지에서 비롯된 것이 아닙니다. 나의 결심 이전에 하나님께서 계십니다. 하나님께서 먼저 찾아오셔서 나의 마음을 두드리셨고, 성령께서 내 안에 믿음을 불러일으키셨습니다. 믿음은 내가 만들어 낸 것이 아니라, 하나님께서 주권적으로 나에게 베풀어 주신 은혜의 선물입니다. 나는 다만 그 부르심에 응답하고, 하나님의 은혜 앞에 마음을 열었을 뿐입니다. 따라서 신자는 자신의 믿음을 자랑할 수 없고, 믿음을 주신 하나님께 감사할 뿐입니다. 믿음은 하나님과의 관계를 시작하게 하는 문이며, 구원의 길로 인도하는 열쇠입니다.

신앙인들은 하나님께서 주신 믿음을 잘 가꿔가야 하는 책임을 갖습니다. 믿음을 주신 하나님을 붙잡으면서, 성숙한 믿음으로 자라가도록 말씀을 가까이하고 기도에 힘써야 합니다. 하나님을 꼭 붙잡고 살아갈 때, 그 삶이 하나님 나라의 풍성한 열매로 가득하게 됩니다. 이것이 믿음으로 사는 삶이요, 하나님께 기쁨이 되는 인생의 길입니다. 이렇게 신앙의 정도를 벗어나지 않을 때, 신앙인들은 날마다 하나님의 깊은 은혜를 누리면서 살아가게 됩니다.

하나님께서 나에게 믿음을 주셨습니다. 믿음을 주신 하나님께 어떻게 감사

2. 말씀을 들음으로 생겨나는 믿음(to Listen to the Word)

믿음이 어떻게 생기는가? 하나님 말씀을 들음으로써 믿음이 생깁니다. "그러므로 믿음은 들음에서 나며 들음은 그리스도의 말씀으로 말미암았느니라"(롬 10:17). 말씀이 나의 영혼을 깨우면서, 하나님이 누구신지를 분명하게 보여줍니다. 하나님께서 말씀 중심의 신앙생활을 하는 나에게 믿음을 선물로 주십니다. 말씀이 나의 마음에 새겨질 때, 우리는 하나님을 신뢰하면서 그분께 순종하는 믿음으로 나아가게 됩니다.

말씀이 나의 마음을 터치할 때, 하나님의 진리 앞에 순종하고자 하는 믿음이 생깁니다. 믿음은 말씀과 보조를 맞춥니다. 듣고 접한 말씀에 따라서 살다 보면, 하나님이 나의 삶 가운데 실제로 역사하시는 것을 다양하게 경험하게 됩니다. 신앙인들은 날마다 말씀을 가까이하며, 그 말씀에 이끌림을 받는 삶을 살아야 합니다. 말씀 위에 세워진 믿음은 모진 시험과 환난이 찾아온다 하더라도, 신자로 하여금 흔들림 없이 하나님을 끝까지 붙잡게 만듭니다.

함께 나누어요 ②

요즘 나는 말씀 중심의 신앙생활로 잘 세워져 가고 있습니까?

① 그렇다. 말씀이 내 하루의 시작과 끝이다.

② 말씀을 꾸준히 읽고 묵상하려고 노력하고 있다.

③ 주일 설교에 은혜를 받고 한 주를 버틴다.

④ 휴대폰에 말씀 앱이 깔려 있지만, 눌러본 지 오래됐다.

⑤ 말씀보다 뉴스와 유튜브 시청을 우선순위에 둔다.

⑥ 말씀을 가까이하고 싶지만, 삶의 분주함 때문에 마음만 굴뚝 같다.

3. 하나님을 기쁘시게 하는 믿음(to Give Pleasure)

믿음은 인간이 할 수 있는 최고의 하나님 사랑 표현입니다. 하나님을 향한 존경과 신뢰의 표현입니다. 사랑과 존경과 신뢰를 담아내는 믿음이 하나님을 기쁘시게 합니다. "믿음이 없이는 하나님을 기쁘시게 하지 못하나니 하나님께 나아가는 자는 반드시 그가 계신 것과 또한 그가 자기를 찾는 자들에게 상 주시는 이심을 믿어야 할지니라"(히 11:6). '눈에 보이지 않지만, 하나님이 살아 계시고 선하시다는 것을 신뢰하는 믿음!' 이 믿음이 하나님을 기쁘게 합니다.

하나님은 우리의 작은 믿음도 귀하게 보시고, 그것을 통해서 역사하시는 분입니다. 믿음은 우리가 하나님과 친밀한 관계를 누릴 수 있게 하는 출발점입니다. 어떤 상황 속에서도, 신앙인들은 하나님을 신뢰하는 믿음을 놓지 않아야 합니다. 이 믿음이 우리 신앙인들을 하나님의 뜻 안에서 가장 복된 자리로 인도합니다. 믿음은 환경을 넘어서 하나님의 성품을 붙드는 용기이며, 불확실한 세상 속에서 흔들리지 않도록 나를 잡아주는 영혼의 닻입니다. 하나님을 신뢰하는 믿음이 하나님을 기쁘시게 하는 삶의 토대가 됩니다.

믿음은 하나님께 드리는 최고의 사랑 표현입니다. 나는 일상 속에서 하나님을 향한 사랑을 어떻게 표현하고 있나요?

① 하나님과 매일 대화하는 '기도 친구'가 되었다.
② 하나님 말씀을 자주 읽고 묵상한다.
③ 예배 시간에 하나님께 마음을 두려고 노력한다.
④ 평소에 하나님이 기뻐하시는 선택을 하려고 노력한다.
⑤ 하나님께 받은 사랑을 다른 사람에게 흘려보내는 삶을 살려고
　의식적으로 노력한다.
⑥ 하루의 일과 속에서 순간순간 하나님을 떠올리려고 노력한다.

4. 믿음의 본질, 신뢰와 확신(Confidence and Conviction)

　믿음은 단순하게 '무엇을 안다'는 차원을 넘어섭니다. 믿음은 하나님께 나 자신을 맡기고 의탁하는 인격적인 신뢰입니다. 내 안에 심기어진 믿음은 하나님께 나 자신을 진심으로 의탁할 때 성장하기 시작합니다. "5 너는 마음을 다하여 여호와를 신뢰하고 네 명철을 의지하지 말라 6 너는 범사에 그를 인정하라 그리하면 네 길을 지도하시리라"(잠 3:5-6). 믿음은 하나님을 온전히 신뢰하는 것입니다. 하나님을 신뢰하는 믿음이 깊어질수록 시선을 하나님께 두면서 주어진 삶을 의연하게 살아갈 수 있습니다.

　또한 하나님을 신뢰하는 믿음은 삶의 모든 영역에서 그분의 뜻을 따르겠다는 결단으로 이어집니다. 나아가서 믿음의 확신은 구원의 확신과 기도의 확신과 하나님의 선하심에 대한 확신으로 이어집니다. 신자는 매일의 삶 속에서 하나님의 뜻을 따르려는 순종의 마음가짐을 가져야 합니다. 그럴 때 믿음이 이리저리 흔들리는 세상 속에서 신자에게 하나님의 약속을 붙잡게 만드는 힘이 됩니다. 하나님을 신뢰하는 믿음은 신자에게 흔들리지 않는 삶의 토대가 됩니다.

함께 나누어요 ❹

5. 하나님과 교제 가운데 자라가는 믿음(Communion)

하나님은 인격적인 분이십니다. 신자의 믿음은 인격이신 하나님과의 지속적인 교제 속에서 자라갑니다. 하나님은 살아 계셔서 말씀하시기도 하고 응답하시기도 하는 분이십니다. "볼지어다 내가 문밖에 서서 두드리노니 누구든지 내 음성을 듣고 문을 열면 내가 그에게로 들어가 그와 더불어 먹고 그는 나와 더불어 먹으리라"(계 3:20). 그분과 나누는 친밀한 교제 속에서 우리는 하나님의 마음을 더 깊이 알아가게 됩니다.

믿음은 하나님과 교제하는 가운데 자라갑니다. '하나님께 기도하고 하나님께 예배드리며 하나님의 말씀을 읽고 묵상하는 것!' 이러한 것들은 신앙인들이 하나님과 교제하는 채널입니다. 다양하게 교제하면서, 성도는 하나님이 어떤 분이신지를 알아갑니다. 그러면서 그분을 신뢰하는 믿음이 자라갑니다. 성도에게 하나님과의 교제는 사랑의 관계에서 비롯된 기쁨의 반응입니다. 그분과의 친밀한 교제 속에서 우리는 점점 더 하나님의 성품을 닮아가고, 삶의 모든 영역에서 하나님의 뜻을 따라서 살아가게 됩니다.

'하나님이 문밖에 서서 두드리신다'는 말씀을 들었을 때 마음속에 어떤 이미지가 떠오르시나요?
① 따뜻한 봄날 밖에서 조용히 노크하시는 손님의 이미지
② 비 오는 날 우산을 가지고 와서 기다리시는 아버지의 이미지
③ 친구 집에 놀러 온 친구처럼 씩씩하게 문을 두드리는 이미지
④ 문고리를 만지면서 노크할지 말지 망설일 것 같은 이미지
⑤ 내가 문을 열기만을 기다리면서 미소를 짓고 계신 예수님의 이미지
⑥ 어두운 밤 등불을 들고 길을 밝히면서 조심스럽게 다가오시는 목자의 이미지

6. 행동으로 드러나는 믿음(Revealed in Action)

믿음은 마음속에만 머물러 있는 것이 아니고, 우리의 말과 선택과 행동을 통해서 드러납니다. 하나님을 신뢰하는 믿음이 깊어질수록 삶의 우선순위가 달라지고, 세상을 바라보는 시선도 달라집니다. 작은 일에도 정직하게 행동하려고 하고, 사람을 대할 때도 사랑으로 대하려고 합니다. 성경은 "행함이 없는 믿음은 죽은 것"이라고 하면서(약 2:26), 행동하는 믿음을 살아있는 믿음이라고 가르칩니다.

신앙인들에게 믿음은 하나님 앞에서 살아가는 '삶의 방식'입니다. 작고 평범한 행동일지라도, 믿음으로 행할 때 하나님은 그것을 기쁘게 받으십니다. 믿음은 일상의 삶 속에서 하나님을 바라보며 순종하는 삶으로 열매를 맺게 됩니다. 신앙인들은 믿음을 행동으로 드러내면서 머무는 자리에 하나님의 빛과 향기를 드러내는 사람들입니다. 신자에게 믿음의 실천은 특별한 순간보다, 반복되는 일상의 선택 속에서 분명하게 드러납니다. 그런 삶을 통해

세상 속에 하나님의 영광이 조용히 드러납니다.

7. 흔들림 속에서 더욱 성장하는 믿음(to Be Shaken)

믿음은 어려움 속에서 더욱 견고해지는 특성을 갖습니다. 믿음은 평탄한 땅보다 거친 땅에 더 깊이 뿌리를 내립니다. 따라서 신자에게 고난은 믿음이 성장하는 기회가 됩니다. 고난은 하나님의 신실하심을 경험하는 통로입니다. 시련을 통과할 때 신자는 비로소 하나님께 더욱 가까이 나아가게 됩니다. 신자에게 고난이 믿음을 단련하는 훈련장이 되는 셈입니다. 시련 속에서 하나님을 바라볼 때, 신앙인들은 나를 향한 그분의 약속과 사랑이 결코 변하지 않는다는 사실을 더욱 확신하게 됩니다.

또한 신앙인들에게 고난은 하나님의 깊은 위로와 도우심을 체험하는 기제가 됩니다. 세상의 위로는 순간이지만, 하나님의 위로는 성도의 영혼 깊은 곳을 만집니다. 믿음의 사람은 시련 가운데서 그분의 손을 움켜잡으면서 더욱 단단해지는 법을 배웁니다. 성경 속 믿음의 인물들도 많은 고난을 겪는 중에 하나님을 더 깊이 신뢰하게 되었습니다. "너희 믿음의 시련이 인내를 만들어 내는 줄 너희가 앎이라"(약 1:3). 고난은 신자의 믿음을 가로막는 장애물이 아니라, 정금 같이 단련시키는 하나님의 도구입니다.

어려움이 닥쳤을 때, 주로 어떻게 반응하나요?
① 어떻게든 빨리 해결하려고 발버둥 친다.
② 하나님께 기도하지만, 마음은 여전히 불안하다.
③ 인내하면서 기다려 본다.
④ 빨리 주변에 도움을 요청한다.
⑤ '왜 나에게 이런 일이...' 하면서 원망한다.
⑥ 어려움을 믿음이 성장할 기회라고 생각한다.

'믿음은 평탄한 땅보다 거친 땅에 더 깊게 뿌리를 내린다!' 이 말에 공감하시나요?
① 완전히 공감한다. 인생의 고비 때마다 하나님을 더 붙잡았다.
② 그런 것 같다. 힘들 때 더 절실하게 기도하게 된다.
③ 경험해 본 적은 없지만, 그런 것 같기도 하다.
④ 아니다. 나는 평탄할 때 하나님이 가깝게 느껴진다.
⑤ 아직 고난을 많이 안 겪어봐서 잘 모르겠다.
⑥ 맞는 것 같다. 그런데 고난을 겪는 순간에는 그 생각을 못 하는 것 같다.

시련을 겪는 중에 믿음을 지켜낸 경험이 있습니까? 그때 믿음이 나에게 어떤 힘이 되었는지를 생각해 보시기 바랍니다.

지금까지 "믿음의 본질"이라는 주제로 성경 공부를 하였습니다. 성경 공부를 통해서 깨달은 점이나 마음에 남은 은혜나 새롭게 얻은 통찰을 간단하게 적어 보시기 바랍니다. 이 기록이 앞으로 하나님과 함께 걸어갈 믿음의 여정을 새롭게 준비하는 소중한 흔적이 될 것입니다.

예시

성경 공부를 통해서 믿음이 하나님을 향한 전인격적인 신뢰라는 것을 배웠습니다. 말씀과 기도, 그리고 공동체 안에서 자라고 열매 맺는 믿음이 되어야 함을 알게 되었습니다. 그리고 나의 삶의 우선순위가 무엇이었는지를 돌아보면서, 믿음을 더욱 적극적으로 펼쳐내야겠다는 도전을 받았습니다. 오늘 배운 내용을 마음에 새기면서, 앞으로는 믿음을 행동으로 실천하는 삶을 살아가도록 하겠습니다.

믿음의 대상

2과. 믿음의 대상

2과. 믿음의 대상

1. 인격적이며 약속을 지키시는 하나님께서 우리의 믿음의 대상이 되심을 배운다.
2. 하나님과 교제하는 가운데 믿음이 자라며, 순종하는 삶으로 믿음이 표현됨을 알게 한다.
3. 하나님께서 약속을 지키시는 신실한 분이신 것을 신뢰하게 한다.
4. 예수 그리스도의 십자가와 부활을 통해 주어진 나의 구원이 확실함을 알게 한다.

하나님은 인격적이시고 변함이 없으시며 약속을 지키시고 지금도 일하시는 분으로서, 우리의 유일한 믿음의 대상이 되십니다. 참된 믿음은 하나님과의 교제 가운데 자라면서, 순종과 사랑의 행동으로 드러납니다. 시련 속에서도 신앙인들은 그분을 더 깊이 의지하면서 흔들리지 않는 소망을 배웁니다. 그러면서 하나님을 기쁘시게 하는 길로 걸어갑니다. "믿음이 없이는 하나님을 기쁘시게 하지 못하나니 하나님께 나아가는 자는 반드시 그가 계신 것과 또한 그가 자기를 찾는 자들에게 상 주시는 이심을 믿어야 할지니라"(히 11:6). 성도의 믿음은 예수 그리스도 안에서 구체화됩니다.

[들어가면서]

친구가 이런 이야기를 들려준 적이 있습니다. "어릴 때는 엄마가 뭐든지 다 해 줄 수 있을 줄 알았다. 그런데 자라면서 엄마도 때로는 실수하고, 약속을 지키지 못할 때가 있다는 걸 알게 되었다. 그때부터 누군가를 완전히 믿는다는 게 가능하지 않음을 알게 되었다."

아마 우리도 비슷한 경험을 해 봤을 것입니다. 기대했던 사람을 보면서 실망을 하거나 믿었던 상황이 무너지면, 마음 한구석이 텅 빈 것 같은 느낌이 듭니다. 이렇게 모든 불안한 순간들을 맞으면서 깨달은 것은 결국 끝까지 믿을 수 있는 분은 하나님 한 분뿐이라는 것을 알게 됩니다. 하나님은 충분히 신뢰할만한 분이십니다. 그분은 거짓말을 하지 않으시고, 변하지 않으시며, 나를 향해서 사랑을 절대 포기하지 않는 분이십니다. 우리의 믿음의 대상이신 하나님을 더 알아갈수록, 마음도 점점 더 평안해집니다. 믿음은 '누구를 믿느냐'에서 출발합니다. 믿음의 대상이 올바르면, 삶의 중심도 흔들리지 않습니다.

1. 하나님, 믿음의 대상(Object of Faith)

성도의 믿음의 대상은 오직 하나님이십니다. 하나님은 창조주이시고, 전능자이시며, 구원자이고, 신실하신 분으로서, 성도의 유일한 믿음의 대상이십니다. 하나님 외에 세상의 여러 가치들('돈', '명예', '학업', '성공', '건강' 등)은 세상을 살아가는 데 필요한 수단일 뿐, 믿음의 대상은 될 수 없습니다. 성도는 믿음의 대상이신 하나님을 깊이 알아가면서, 그분을 신뢰하는 확신 속에서 신앙의 여정을 걸어가는 사람입니다.

나의 믿음의 대상이신 하나님을 신뢰하면서, 그분께 나의 모든 것을 맡기는 것이 믿음의 본질입니다. 참된 믿음은 오직 하나님께 마음을 두면서 그분께 삶의 방향과 결과까지를 맡기는 데서 시작됩니다. "5 네 길을 여호와께 맡기라 그를 의지하면 그가 이루시고 6 네 의를 빛 같이 나타내시며 네 공의를 정오의 빛같이 하시리로다"(시 37:5-6). 신앙인들은 어떤 상황에서도 하나님을 제쳐 놓고 다른 것에 마음을 빼앗기지 않아야 합니다. 오직 하나님만을 믿고 의지하는 삶이야말로 흔들리지 않는 믿음의 길입니다.

함께 나누어요 ❶

지금 나눈 내용의 핵심에 가장 가까운 내용은 무엇인가요?

① 상황과 믿음은 전혀 별개다.

② 돈과 건강도 믿음의 대상이 될 수 있다.

③ 지식이 많이 쌓이면 자동으로 신뢰가 쌓인다.

④ 명예를 얻을수록 믿음도 굳건해진다.

⑤ 성취하는 게 많을수록 하나님을 잘 믿게 된다.

⑥ 믿음의 대상은 오직 하나님뿐이고, 다른 것들은 모두 수단이다.

2. 하나님, 인격적인 분(Personal God)

하나님은 단순히 개념이나 원리가 아니라, 우리를 사랑하시고 말씀하시며 응답하시는 인격적인 분이십니다. 하나님은 우리의 기도에 귀를 기울이시고, 마음의 깊은 소리까지도 듣고 반응하시는 인격적인 분이십니다. 우리가 외로울 때 찾아오시고, 슬플 때 위로하시며, 기뻐할 때 함께 기뻐하십니다. 성도와 하나님과의 관계는 인격과 인격이 만나는 살아 있는 교제입니다. 이 살아 있는 교제 속에서 성도는 하나님의 사랑과 신실하심을 날마다 새롭게 경험합니다.

인격적인 하나님께서는 우리를 부르시며, 우리가 마음을 열고 응답하기를 기다리십니다. 이 부르심에 응답할 때, 하나님은 더욱 분명하게 당신 자신을 드러내시고, 우리와의 관계 속에서 살아 역사하십니다. 그분과의 관계는 사랑 안에서 이루어지는 깊은 교제입니다.

우리가 하나님께 가까이 나아가면, 하나님도 우리에게 가까이 다가오십니다. 우리와 교제하시기를 원하시며, 말씀을 통해서 우리에게 끊임없이 당신의 마음을 나누어 주십니다. 그분은 멀리 계신 분이 아니라, 지금도 살아 계셔서 신자의 삶 속에서 일하시는 참된 아버지이십니다. "하나님을 가까이하라 그리하면 너희를 가까이 하시리라..."(약 4:8상).

하나님은 '멀리 계신 분'이 아니라 '가까이 계신 분'입니다. 이 말에 얼마나 공감하시나요?

① 완전히 공감한다. 하나님이 늘 내 옆에 계신 것 같다.

② 공감한다. 특히 기도할 때 하나님이 가깝게 느껴진다.

③ 하나님께서 나와 가까이 계신다는 말이 잘 와닿지 않는다.

④ 잘 모르겠다. 그렇지만 마음으로는 그렇게 믿고 싶다.

⑤ 솔직히 아직은 하나님이 멀게 느껴질 때가 많은 것 같다.

⑥ 가끔 그렇게 느낀다. 특히 힘들 때 더욱 그렇다.

3. 하나님, 변함이 없으신 분(Unchanging God)

하나님은 변함이 없으신, 항상 동일하신 분이십니다. 시대와 상황은 변하고 바뀌지만, 그분의 성품과 약속은 변하지 않습니다. 성경은 하나님의 변함 없으심을 여러 곳에서 증언하면서, 우리를 그분의 신실하심 가운데로 초대합니다. "각양 좋은 은사와 온전한 선물이 다 위로부터 빛들의 아버지께로부터 내려오나니, 그는 변함도 없으시고 회전하는 그림자도 없으시니라"(약 1:17). 따라서 신앙인들은 어떤 환경 속에서도 변함없으신 하나님께 소망을 두어야 합니다.

변함이 없으신 하나님께서는 나의 마음가짐과 말과 행동에 영향을 받으시는 분입니다. 하나님은 신자의 반응을 보시면서 기뻐하실 때도 있고 슬퍼하실 때도 있습니다. 신자의 반응을 주의 깊게 살피시면서 기뻐하시기도 하고 슬퍼하시기도 하지만, 신자를 향한 하나님의 사랑과 은혜는 언제나 동일하게 지속됩니다. 나는 상황이나 감정에 좌우되면서 믿음이 흔들릴 수 있지만, 나의 믿음의 대상이신 하나님은 흔들리지 않고 신자에게 변함없는 은혜를 베푸시는 분입니다.

4. 하나님, 약속을 지키시는 분(to Keep a Promise)

우리가 하나님을 신뢰할 수 있는 이유는 그분이 하신 말씀을 반드시 이루시는 분이기 때문입니다. 그분은 당신께서 하신 약속을 지키십니다. 사람은 약속을 어길 수 있지만, 하나님은 당신의 약속을 바꾸거나 취소하지 않으십니다. 하나님은 거짓말을 하지 않는 분으로서, 말씀하신 것을 반드시 이루시는 분입니다. 성경에는 하나님께서 주신 수많은 약속들이 실제로 이루어진 기록들로 가득 들어차 있습니다. 아브라함, 모세, 다윗과 같은 믿음의 사람들이 하나님의 약속을 붙들고 살았고, 그 약속이 이루어졌습니다. 우리에게도 하나님은 성경을 통해서 '너와 함께 하겠다!', '너에게 지혜를 주겠다!', '너의 기도에 응답하겠다!' 여러 약속의 말씀을 주십니다.

인간은 자신의 약속에 대해서 취약한 존재이지만, 하나님은 당신의 약속에 취약하지 않은 분입니다. 신앙인들은 '약속을 지키시는 하나님'을 신뢰하면서 살아가야 합니다. "하나님은 사람이 아니시니 거짓말을 하지 않으시고 인생이 아니시니 후회가 없으시도다 어찌 그 말씀하신 바를 행하지 않으시며 하신 말씀을 실행하지 않으시랴"(민 23:19). 그분의 약속이 반드시 이루어지기에 우리는 의연하게 믿음의 길을 걸어갈 수 있습니다.

하나님께서 주시는 약속의 분별 기준으로 적절한 것은 무엇인가요?

① 내 소원과 비슷하면 하나님의 약속이다.

② 유명 설교자가 말했다면, 하나님의 약속이다.

③ 성경 본문의 맥락과 일치하고, 그리스도 중심이며, 다른 말씀과
    모순되지 않는다면, 하나님의 약속이다.

④ 즉시 효과가 나타나면 하나님의 약속이다.

⑤ 모두가 감탄하면 하나님의 약속이다.

⑥ 숫자와 성과가 보이면 하나님의 약속이다.

5. 하나님, 살아서 일하시는 분(to Live and Work)

하나님 존재를 인간의 오감으로 체험할 수는 없지만, 그럼에도 하나님은 존재하시면서 살아서 일하시는 분입니다. 하나님은 눈에 보이지 않지만, 그분의 일하심은 우리의 삶 속에서 분명하게 드러납니다. 믿음의 사람들은 하나님이 그들의 삶 속에서 살아서 일하시는 것을 숱하게 경험해 왔습니다. 성경에 나오는 많은 사건들은 살아 계신 하나님이 직접 개입하신 결과입니다.

하나님은 단지 과거에만 일하신 분이 아니라, 지금 이 순간에도 살아서 역사하시는 분이십니다. 그분의 일하심은 성경의 기록 속에만 머물지 않고, 오늘 우리의 현실 속에서도 계속되고 있습니다. 하나님의 살아 계심은 추상적인 이론이 아니라, 우리의 삶 속에서 계속해서 확인되고 체험되어야 할 진리입니다.

지금도 하나님은 당신을 찾는 사람들의 기도를 들으시고, 그들의 삶을 이끌어 가고 계십니다. 우리가 깨닫지 못할 뿐, 하나님은 조용히 일하고 계십니다. 믿음이란 하나님의 살아계심과 일하심을 신뢰하는 것입니다. 성도는 오늘도 나를 위해서 일을 하고 계시는 하나님을 기대하고 감사하면서 자신

의 삶을 살아가는 사람입니다. "예수께서 그들에게 이르시되 내 아버지께서 이제까지 일하시니 나도 일한다 하시매"(요 5:17). 이 믿음이 우리로 하여금 어떤 상황에서도 소망을 잃지 않게 합니다.

나의 삶 속에서 '하나님께서 조용히 일하시는 것'을 알아차리는 건강한 신호는 무엇인가요?

① 나의 삶 속에 말씀과 일치하는 작은 변화들('관계', '태도', '선택' 등)이 누적된다.
② 사람들의 칭찬이 급증한다.
③ 감정의 기복이 점점 심해진다.
④ 즉흥적으로 결정하는 것이 늘어난다.
⑤ 갈수록 좋은 성과를 낸다.
⑥ 내 생각과 계획을 갈수록 앞세운다.

6. 하나님, 인간을 먼저 사랑하신 분(to Love Humans First)

하나님께서 나를 먼저 사랑하셨습니다. 하나님의 사랑이 나의 믿음의 시작입니다. 하나님께서 아무 조건 없이 나의 있는 모습 그대로를 사랑하셨습니다. 죄 가운데 있는 나를 외면하지 않으셨습니다. 예수님의 십자가는 하나님이 나를 얼마나 사랑하시는지를 보여주는 결정적인 증거입니다. 하나님께서 당신의 전 존재를 걸고 나를 사랑하셨습니다. 나의 믿음은 그분의 사랑에 감사하면서 순종으로 응답하는 삶 가운데 자라갑니다.

먼저 하나님께 사랑을 받은 자로서, 신앙인들은 그분의 사랑에 적절하게 응답해야 하는 거룩한 책임을 갖습니다. 믿음은 하나님이 먼저 나에게 손을 내미신 것에 대한 응답입니다. '강요나 부담이 아니라 나를 먼저 사랑하신 하나님의 은혜에 올바르게 반응하는 것!' 이것이 믿음입니다. "우리가 아직 죄인 되었을 때에 그리스도께서 우리를 위하여 죽으심으로 하나님께서 우리에 대한 자기의 사랑을 확증하셨느니라"(롬 5:8). 믿음의 응답은 신앙인들을 하나님의 사랑 안에 머물게 하며, 그분의 뜻을 따라 살아가도록 이끕니다.

지금 나눈 내용의 핵심에 가장 가까운 문장은 무엇인가요?

① 믿음은 '나를 먼저 사랑하신 하나님께 나 자신을 드리는 응답'이다.
② 내가 자격을 갖추면 하나님께서 나를 사랑하신다.
③ 믿음은 부담과 강요 속에서 생겨난다.
④ 죄책감을 오래 느낄수록 믿음도 깊어진다.
⑤ 성취하는 것이 많을수록 믿음도 좋아진다.
⑥ 주변의 시선이 나의 믿음의 절대기준이다.

7. 예수님, 믿음의 구체적인 대상(Concrete Object of Faith)

성도에게 하나님의 아들이신 예수님이 믿음의 구체적인 대상입니다. 성도에게 예수님은 매우 특별하신 분입니다. '믿는다'는 것은 예수님을 나의 구원자로 수용하는 것을 가리킵니다. 성도에게 예수님은 단순히 역사적인 인물에 그치지 않고, 지금도 살아 계신 주님이십니다. 죄로부터 나를 구원하시기 위해서 예수님께서 이 땅에 오셨습니다. 나의 죄를 대신하여 십자가에서 죽으셨고 부활하심으로, 나에게 영원한 생명을 주셨습니다. 예수님의 십자가는 '전 인류를 위한' 사건이면서도, 동시에 '나를 위한' 사건입니다. 믿음이란 '예수님이 2천 년 전에 이 땅에 계셨다'는 사실을 받아들이는 것을 넘어서, 그분이 하신 일이 '나를 위한' 것임을 받아들이는 것입니다.

신앙인들은 예수님의 존재와 사역이 '나를 위한 것'이고 '나와 밀접한 상관이 있음'을 인정하는 사람들입니다. "하나님이 세상을 이처럼 사랑하사 독생자를 주셨으니 이는 그를 믿는 자마다 멸망하지 않고 영생을 얻게 하려 하심이라"(요 3:16). 이 사실을 믿음으로 받아들일 때, 구원의 은혜를 누리게 됩니다. 그 은혜가 우리의 삶을 변화시키면서 하나님과의 깊은 관계로 이끌어 갑니다.

예수님이 '나를 구원하시기 위해서' 이 땅에 오셨다는 사실을 들었을 때, 어떤 마음이 들어가나요?

① '글쎄! 진짜 나를 위해서?' 이런 생각이 들어간다.
② 아직 마음 깊이 와닿지 않는다.
③ 믿고 싶은데, 정말 나를 위한 것인지 헷갈린다.
④ 알고 있었는데, 오늘 들으니 다시 새롭게 다가온다.
⑤ 나 같은 사람을 위해서 예수님이 오셨다는 것이 감격이다.
⑥ 믿지만, 일상에 치여서 자주 잊게 된다.

예수님이 나를 사랑하신다는 사실을 안 후에 나에게 어떤 변화가 생겼나요?

① 담대하게 세상을 살아가게 되었다.
② 두려움이 줄어들었다.
③ 삶의 목적이 분명해졌다.
④ 주변 사람들을 존중하게 되었다.
⑤ 죄를 멀리하게 되었다.
⑥ 기쁨과 평안이 커졌다.

하나님을 신뢰하는 믿음이 나의 삶을 어떻게 이끌어 왔는지를 돌아보시기
바랍니다.

지금까지 "믿음의 대상"이라는 주제로 성경 공부를 하였습니다. 성경 공부를 통해서 깨달은 점이나 마음에 남은 은혜나 새롭게 얻은 통찰을 간단하게 적어 보시기 바랍니다. 이 기록이 앞으로 하나님과 함께 걸어갈 믿음의 여정을 새롭게 준비하는 소중한 흔적이 될 것입니다.

예시

성경 공부를 통해서 내가 믿고 의지해야 할 분이 오직 하나님 한 분뿐임을 마음에 새기게 되었습니다. 하나님은 멀리 계신 분이 아니라, 지금도 나와 함께하시며 약속을 지키시는 신실한 분이심을 믿습니다. 이 믿음을 삶 속에서 잊지 않고, 주님을 더욱 가까이하며 살아가고 싶습니다.

믿음의 성격

3과. 믿음의 성격

1. 관계적인 성격

2. 지속적인 성격

3. 과정적인 성격

4. 전인격적인 성격

5. 능동적인 성격

6. 의존적인 성격

3과. 믿음의 성격

믿음은 '한 번의 사건'이 아니라 하나님과의 관계 속에서 '자라가는' 일상의 습관입니다. 믿음은 내 힘을 내려놓고, 하나님께 기대어서 오늘 속에서 한 걸음을 내딛는 움직임입니다. 그렇기 때문에 마음에 감동이 오는 순간마다 결단하면서 삶의 자리에서 실천하는 데까지 나아가야 합니다. 흔들림이 와도 그것을 실패로 보지 말고 다시 주님과 보조를 맞추며 나아갈 때 믿음이 더욱 견고해집니다. "그러므로 우리가 낙심하지 아니하노니 우리의 겉사람은 낡아지나 우리의 속사람은 날로 새로워지도다"(고후 4:16). 믿음은 신자를 날마다 주님을 닮아가도록 이끄는 은혜의 여정입니다.

[들어가면서]

어느 상담자가 이런 얘기를 했습니다. "신뢰는 하루아침에 생기지 않습니다. 신뢰는 함께 시간을 보내고, 서로를 알아가고, 때로는 다투고 화해하면서 조금씩 깊어집니다."

믿음도 그런 것 같습니다. 믿음도 살아 있는 관계에서 자라갑니다. 처음에는 어색했는데, 시간이 지나면서 편안해지고, 때로는 실망하면서도 다시 가까워지고, 그렇게 믿음도 자라갑니다. 이 믿음은 생각이나 감정에만 머물지 않으며, 삶 전체로 뻗어나갑니다. 마음, 선택, 말, 행동 등, 믿음은 그 자리에 머물지 않고 계속 나아가는 성격을 갖습니다. 내가 믿음을 붙잡지만, 하나님께서 나의 믿음을 붙잡으시기도 합니다. 그래서 믿음은 능동적이지만, 동시에 의존적이기도 합니다. 믿음은 단순한 태도를 넘어서, 삶의 리듬입니다.

1. 관계적인 성격(Relational Nature)

믿음은 관계적인 성격을 지닙니다. 믿음은 인격이신 하나님과 맺는 깊은 신뢰의 관계입니다. 우리가 믿음을 가질 수 있는 이유는 하나님께서 먼저 우리에게 다가오셨기 때문입니다. 그 사랑에 반응을 하면서, 하나님과 나 사이에 사랑의 관계가 시작되었습니다. 그렇게 시작된 관계 속에서 성도는 하나님 경험을 다양화하면서, 점점 더 그분을 신뢰하게 됩니다. 믿음은 매일의 삶 속에서 하나님의 말씀을 붙들고, 그분의 뜻에 따라서 살려는 순종으로 나타납니다.

성도는 하나님과의 관계 속에서 삶의 방향을 찾고, 위로를 얻기도 하면서, 정체성을 만들어 가는 사람입니다. 하나님과의 관계가 깊어질수록 하나님의 마음을 더 많이 이해하게 되고, 그분의 시선으로 세상을 바라보게 됩니다.

하나님과의 관계는 지적인 동의나 감정적인 위로에 그치지 않고, 삶의 모든 영역에 영향을 미치는 실제적인 동행으로 이어집니다. 성도는 그 관계 속에서 자신이 누구인지, 무엇을 위해 살아야 하는지를 분명히 알 수 있습니다. 그리고 하나님께 속한 자로서, 날마다 그분의 뜻을 따르며 살아가겠다는 결단을 새롭게 합니다. "…내가 너를 구속하였고 내가 너를 지명하여 불렀나니 너는 내 것이라"(사 43:1하). 신앙인들은 날마다 하나님과 동행하면서 믿음을 키워가는 사람들입니다.

2. 지속적인 성격(Enduring Nature)

믿음은 지속적인 성격을 갖습니다. 믿음은 매일의 삶 속에서 지속적으로 이어지는 신뢰의 길입니다. 하나님과 지속적으로 동행하는 가운데 믿음이 견고하게 자라갑니다. 나를 둘러싼 여러 힘든 일들 때문에 지치고 고단할 수 있지만, 계속해서 시선을 주님께 둠으로써 믿음이 깊어집니다. 날마다 주님께 시선을 두고 살아가는 삶이 그를 성숙한 믿음으로 이끌고, 하나님께서 그를 하나님 나라의 일꾼으로 세우십니다. 하나님은 우리의 작은 믿음도 귀하게 여기시면서, 그 믿음을 통해서 당신의 구원을 이루어 가시는 분입니다.

믿음의 길은 단거리 경주가 아니라 평생을 달려가는 마라톤과 같습니다. 때로는 넘어지고, 길이 보이지 않는 것 같은 순간이 있지만, 주님께서 우리를 붙드셔서 다시 일으키십니다. 이 과정에서 우리는 주님의 성품을 더 깊이 배우고, 그분의 약속이 참되심을 더욱 확신하게 됩니다. 신앙인들은 오늘의 작은 순종을 성실히 이어 가면서, 주께서 정하신 때에 반드시 열매 맺게 하신다는 소망을 품고 앞을 향해서 전진하는 사람들입니다. 이러한 삶의 리듬이 신앙인들을 끝까지 믿음을 지키도록 이끕니다.

이 믿음의 여정을 끝까지 걸어가는 자는 주님께서 주시는 칭찬을 받고 영광스러운 상급을 누리게 됩니다. 하나님은 끝까지 믿음을 지키는 자들을 기뼈하시며, 그들에게 영원한 상을 예비하셨습니다. 그렇기에 믿음으로 사는 삶은 결코 헛되지 않습니다. 믿음으로 사는 삶이 하나님의 영광에 참여하는 은혜의 통로가 되기 때문입니다. "오직 여호와를 앙망하는 자는 새 힘을 얻으리니 독수리가 날개 치며 올라감 같을 것이요 달음박질하여도 곤비하지 아니하겠고 걸어가도 피곤하지 아니하리로다"(사 40:31).

지치고 피곤할 때, 주님을 바라보면서 다시 힘을 얻었던 순간이 있었나요?

① 암송했던 말씀 한 구절이 머리에 떠오르면서 마음에 깊이 와닿았을 때
② 찬양을 부르면서 눈물을 흘렸던 어느 예배 시간
③ 홀로 기도하다가 마음이 평안해졌던 어느 밤
④ 누군가의 위로와 격려가 나를 다시 일으켰을 때
⑤ 아무 말 없이 하늘을 바라보던 중에 하나님의 인도하심을 느꼈을 때
⑥ 말씀을 묵상하는 중에 하나님께서 나를 여전히 사랑하고 계심을
　 확신하게 되었을 때

3. 과정적인 성격(Progressive Nature)

믿음은 단번에 완성되지 않고, 점진적으로 자라가는 성격을 갖습니다. 삶의 다양한 경험들 속에서 하나님의 신실하심을 체험하는 과정을 거치면서 믿음이 성장합니다. 이 과정에서 신자에게서 다양한 모습이 나타날 수 있습니다. 어떤 날은 믿음이 견고한 것 같은데, 어떤 날은 믿음이 흔들리는 나 자신을 발견할 수 있습니다. 이러한 모습들은 믿음이 자라가는 과정 중에 나타나는 자연스러운 양상입니다.

또 기도의 응답이 더디어서 힘들어하는 순간이 있는가 하면, 하나님께서 속히 응답하셔서 기뻐하는 순간도 있습니다. 이것들 역시 믿음이 자라가는 과정 중에 나타나는 자연스러운 양상입니다. 중요한 것은 이러한 변화와 기

복 속에서도 하나님께서 여전히 우리와 함께하신다는 사실입니다. 우리의 믿음이 약해 보이는 순간에도 주님께서 우리를 붙드시면서, 다시 일어설 힘을 주십니다. 이 모든 경험들이 모여서 우리의 믿음을 성숙하게 다듬어 갑니다.

믿음의 여정은 시선을 앞에만 두고 힘차게 달려가는 순간들로만 채워지지 않습니다. 멈추어 서서 되돌아보고 성찰하면서 배우는 순간들로 채워질 때도 많습니다. 하나님은 성도의 모든 삶 가운데 함께 하시면서, 그 안에서 믿음을 자라게 하시는 신실하신 분입니다. 그렇기에 성도는 하나님을 신뢰하면서 한 걸음씩 한 걸음씩 믿음의 여정을 계속해서 걸어갈 수 있습니다. "너희 안에서 착한 일을 시작하신 이가 그리스도 예수의 날까지 이루실 줄을 우리는 확신하노라"(빌 1:6).

함께 나누어요 ❸

요즘 나의 믿음이 자라고 있다고 느끼시나요? 왜 그렇게 느끼시나요?
  ① 말씀을 더 자주 묵상하고 있기에
  ② 기도하면서, 마음이 전보다 더 차분해졌기에
  ③ 작은 일에도 하나님을 의식하게 되었기에
  ④ 예전에 비해서 불안한 마음이 한층 줄었기에
  ⑤ 아직 잘 모르겠지만, 무언가 조금씩 변하고 있는 것은 사실이다.
  ⑥ 어려움 속에서도 하나님을 신뢰하는 마음이 이전보다 커졌기에

4. 전인격적인 성격(Holistic Nature)

믿음은 전인격적인 성격을 갖습니다. 믿음은 단순히 '지적인 동의의 수준'에 머물지 않습니다. 믿음은 '마음'(감정)과 '뜻'(의지)과 '삶 전체'를 포괄하는 '전인격적인 성격'을 지닙니다. 믿음은 하나님을 단순하게 '안다'는 차원을 넘어서, 삶 속에서 그분을 신뢰하고 따르는 삶으로 이어집니다. 생각과 더불

어서 감정과 의지와 행동 모두에서 하나님을 의지하면서 하나님께 올바르게 반응하는 것이 건강한 믿음입니다.

하나님을 향한 신뢰가 감정과 의지에 스며들 때, 우리의 선택과 행동이 그분을 기쁘시게 하는 방향으로 바뀝니다. 그 결과 우리의 삶은 점점 하나님의 뜻과 일치하게 되고, 매일의 순간이 예배가 됩니다. 믿음은 감정에 머물지 않고 결단으로 구체화되며, 그 결단은 일상 속에서 반복되는 실천으로 이어집니다. 이렇게 형성된 순종의 리듬은 말씀 앞에서 다시 '감동-결단-행동'으로 이어지는 선순환을 낳습니다.

이렇게 전인격적으로 하나님께 반응하는 믿음이 나를 변화시킵니다. 이 변화가 외적인 행동의 변화를 넘어서, 나의 내면의 태도와 가치관까지 새롭게 만듭니다. 이러한 변화가 나의 시간, 관계, 선택 하나하나에까지 스며들게 됩니다. 참된 믿음은 하나님을 향한 온전한 사랑과 헌신으로 표현되며, 점점 더 예수님을 닮아가는 영향력 있는 삶으로 바뀌어 갑니다. "너는 마음을 다하고 뜻을 다하고 힘을 다하여 네 하나님 여호와를 사랑하라"(신 6:5).

함께 나누어요 ❹

믿음이 감정과 의지에 스며들 때 나타나는 변화는 무엇인가요?

① 원칙을 넘어서 원칙주의자가 된다.
② 말이 예전보다 많아진다.
③ 부흥회 때만 엄청 뜨겁다.
④ 타인의 평가를 전혀 신경 쓰지 않는다.
⑤ 성과가 있으면 기뻐하고, 성과가 없으면 낙심한다.
⑥ 순간순간 선택이 바뀌고 숨은 자리에서 순종이 늘어난다.

5. 능동적인 성격(Dynamic Nature)

믿음은 그 성격으로 인해서 정체되어 있을 수 없습니다. '하나님 말씀에 적극적으로 반응하고 순종하는 능동적인 결단!' 이것이 믿음입니다. 참된 믿음은 하나님의 말씀을 듣고 감동을 받는 것에서 시작해서, 삶에서의 구체적인 행동으로 이어집니다. 그때 그때마다 하나님이 주신 감동에 따라서 움직이는 것이 믿음입니다.

능동적인 믿음은 오늘 하루를 어떻게 살 것인가에 대한 선택으로 이어집니다. 나아가서 나의 선택이 가져올 결과까지를 내다보게 합니다. '선택으로 인한 결과까지를 내다보면서 신앙인답게 책임을 지려고 하는 것!' 믿음은 이런 성격을 갖습니다. 하나님은 성도의 능동적인 믿음을 기뻐하시고, 그 믿음을 통해서 당신의 일을 이루어 가십니다. 믿음을 가지고 내딛는 순간순간마다 성도는 하나님의 도구로 쓰임을 받습니다.

결론적으로 이렇게 얘기할 수 있습니다. "믿음은 하나님의 말씀을 듣는 것에서 시작해서, 그 말씀을 실천하는 삶으로 이어진다. 말씀을 듣고 능동적으로 살아내는 행동이 살아있는 믿음이다." "이와 같이 행함이 없는 믿음은 그 자체가 죽은 것이라"(약 2:17). 신자는 들은 말씀을 삶 속에서 능동적으로 실천하면서 믿음을 온전히 세워가는 사람입니다.

6. 의존적인 성격(Dependent Nature)

믿음은 나의 모든 것을 전적으로 하나님께 의존하고 맡기는 '마음'이고 '태도'입니다. 성도는 삶의 모든 영역에서 하나님의 도우심 없이는 아무것도 온전히 할 수 없음을 고백하고 경험하는 사람입니다. '나의 지혜나 노력이나 계획을 신뢰하기 전에, 하나님의 뜻과 인도하심을 먼저 의지하고 신뢰하는 것!' 이것이 믿음입니다.

이 믿음이 나를 '나 중심의 삶'에서 벗어나서, '하나님을 중심의 삶'으로 이끌어 갑니다. 이러한 믿음의 의존성을 잘 보여주는 것이 기도입니다. "하나님, 도와주십시오. 나의 힘만으로는 부족합니다. 하나님께서 도와주셔야 됩니다!" 하나님은 당신을 의존하는 자들을 외면하지 않으시고, 때에 맞게 채우시며 인도해 가십니다. 하나님을 의존하고 그분께 모든 것을 맡기면서, 성도는 하나님이 주시는 참된 안정감 속에서 하루하루를 살아갑니다.

결론적으로 이렇게 얘기할 수 있습니다. "믿음은 성도를 '하나님을 떠나서는 아무것도 할 수 없다는 깨달음'에서 출발해서, '그분을 전적으로 의존하면서 살아가는 삶'으로 나아가게 만든다." "우리는 우리 자신이 사형 선고를 받은 줄 알았으니 이는 우리로 자기를 의지하지 말고 오직 죽은 자를 다시 살리시는 하나님만 의지하게 하심이라"(고후 1:9). 이러한 믿음이야말로 어떤 상황 속에서도 흔들리지 않는 참된 신앙의 기초가 됩니다.

요즘 하나님을 얼마나 의지하면서 살고 있습니까?
① 작은 일에도 하나님께 물으면서 하려고 한다.
② 중요한 일은 꼭 기도하면서 결정하려고 한다.
③ 마음으로는 하나님을 의지하지만, 행동은 아직 내 방식대로 하는 것 같다.
④ 하나님께 맡긴다고 하면서도, 걱정이 쉽게 사라지지 않는다.
⑤ 대부분 내가 알아서 하려고 하는 편이다.

⑥ 돌아보니, 하나님을 의지하는 것보다도 내 생각대로 할 때가 많았던 것
  같다.

'나의 하나님 의존'은 주로 어떻게 드러나나요?
  ① 하루를 시작하면서 드리는 기도
  ② 말씀을 묵상하는 습관
  ③ 힘들 때 하나님께 먼저 나아감
  ④ 중요한 결정을 할 때 먼저 기도함
  ⑤ 주변 사람들에게 하나님의 일 하심을 간증함
  ⑥ 기도하면서 최선을 다하면서 모든 일의 결과를 하나님께 맡김

'믿음이 성장하고 있다'는 것을 나는 주로 어떻게 알아차리나요?

지금까지 "믿음의 성격"이라는 주제로 성경 공부를 하였습니다. 성경 공부를 통해서 깨달은 점이나 마음에 남은 은혜나 새롭게 얻은 통찰을 간단하게 적어 보시기 바랍니다. 이 기록이 앞으로 하나님과 함께 걸어갈 믿음의 여정을 새롭게 준비하는 소중한 흔적이 될 것입니다.

예시

믿음이 하나님과 동행하는 중에 자라나는 전인격적인 삶의 태도라는 것을 느꼈습니다. 내 노력으로만 믿음을 유지하려 했던 지난날들을 돌아보며, 이제는 하나님을 의지하면서 그분께 기대어 가는 삶을 살아가도록 노력하겠습니다. 오늘 성경 공부를 통해서 하나님께서 나같이 연약한 자의 믿음도 포기하지 않으시고 다시 세워 가신다는 사실에 감사와 감동이 밀려왔습니다.

믿음의
자리

4과. 믿음의 자리

4과. 믿음의 자리

1. 믿음이 일상의 모든 자리에서 드러나야 함을 알게 한다.
2. 하나님께서 지금 이 자리를 믿음의 훈련장으로 삼으심을 배운다.
3. 일상 속에서의 작은 순종과 헌신이 하나님께 드리는 예배임을 깨닫게 한다.
4. 믿음은 장소보다 태도에 달려 있으며, 삶 전반에서 실천됨을 알게 한다.

성도의 믿음의 자리는 교회만이 아니라 마음에서 시작해서 가정과 직장과 세상까지를 포괄합니다. 즉 그가 서 있는 '지금 이곳'이 믿음의 자리입니다. 하나님은 신앙인들이 서 있는 그 자리를 믿음을 연단하고 자라게 하는 훈련장으로 사용하십니다. 자리하는 곳에서 맡겨진 평범한 일들을 주께 하듯 행할 때, 우리의 일상은 예배가 됩니다. 믿음에 있어서 예배를 드리는 공간도 중요하지만, 머무는 자리에서 믿음을 살아내는 태도도 역시 중요합니다. "만군의 여호와가 이르노라 해 뜨는 곳에서부터 해지는 곳까지의 이방 민족 중에서 내 이름이 크게 될 것이라 각처에서 내 이름을 위하여 분향하며 깨끗한 제물을 드리리니 이는 내 이름이 이방 민족 중에서 크게 될 것임이니라"(말 1:11). 그러므로 신자는 자신이 있는 모든 자리를 하나님께서 주신 믿음의 자리로 받아들여야 합니다. 그 자리에서의 작은 순종과 헌신이 하나님 나라를 드러내는 거룩한 열매가 됩니다.

[들어가면서]

어느 날 친구가 이런 얘기를 했습니다. "믿음은 교회 안에서만 필요한 줄 알았습니다. 그런데 사실 믿음은 집에서도, 회사에서도, 심지어 지하철 안에서도 필요했습니다."

틀리지 않은 말입니다. 우리가 발 딛고 살아가는 모든 곳이 믿음의 자리인 것을 깨닫는 순간, 평범한 일상이 다르게 느껴집니다. 집에서 가족들에게 인내하는 것도 믿음이 자라는 자리이고, 직장에서 정직을 선택하는 것도 믿음이 자라는 자리이며, 복잡한 일상 속에서 하나님을 의식하는 순간도 믿음이 자라는 자리입니다. 믿음은 마음에서 시작되지만, 마음에서 끝나지 않습니다. 마음에서 시작된 믿음은 내가 살아가는 모든 공간으로 흘러갑니다. 믿음은 '내가 어디에 있는가'에서 시작해서, '내가 그곳에서 어떻게 사는가'의 문제로 이어집니다.

1. 성도의 마음(Heart of Believer)

성도의 마음이 믿음의 첫 번째 자리입니다. 하나님은 사람의 겉모습보다 마음의 중심이 어떠한지를 중요하게 여기십니다. 마음이 하나님을 향해 있을 때, 그의 믿음이 자연스럽게 말과 행동으로 드러나게 됩니다. 겉으로는 믿음이 있는 것처럼 보일지라도 마음이 하나님에게서 멀어져 있다면, 그것은 건강한 믿음이라 할 수 없습니다.

믿음은 마음에서 시작되며, 하나님은 그 시작점을 귀하게 보십니다. 따라서 성도는 늘 자신의 마음이 어디를 향하고 있는지를 점검해야 합니다. 마음이 하나님을 향해져 있을 때, 그의 생각과 감정과 선택도 하나님의 뜻 안에 머물게 됩니다. 마음이 하나님께로 향하지 않으면 신앙생활이 점차 형식적인 습관으로 바뀌어 갑니다. 그러나 마음이 하나님을 향해 방향 지어져 있을 때, 그 믿음은 살아 움직이는 믿음이 되어서 그의 삶을 이끌어 갑니다.

성숙한 믿음은 마음을 다해서 하나님을 사랑하고, 그 사랑으로 일상 속에서 올바른 것을 선택하는 삶으로 이어집니다. 하나님은 마음이 겸손하고 정직한 자를 가까이하시면서 당신의 뜻을 이루어 가십니다. 성도는 날마다 마음을 지키고, 그 마음을 하나님께 드리면서 믿음의 길을 걸어가는 사람입니다. "모든 지킬 만한 것 중에 더욱 네 마음을 지키라 생명의 근원이 이에서 남이니라"(잠 4:23).

요즘 나의 마음을 하나님께 두면서 살아가고 있습니까?

① 하루하루 하나님을 생각하면서 살아가고 있다.

② 하나님을 의식하며 살고 있지만, 가끔 다른 생각이 들어가기도 하다.

③ 마음을 하나님께 두고 싶은데, 현실에 치여서 흔들릴 때가 많다.

④ 요즘은 하나님보다 다른 것에 더 마음이 가 있다.

⑤ 하나님께 마음을 두고 살아가고 싶은데, 어떻게 해야 할지 잘 모르겠다.

⑥ 성경 공부를 통해서, 다시금 하나님께 마음을 두어야겠다는 생각이
   들어간다.

2. 내가 머무는 모든 곳(Every Place I Dwell)

내가 머무는 모든 곳은 하나님께서 나에게 허락하신 장(場)입니다. 믿음은 특정한 장소나 상황에서만 드러나는 것이 아니라, 내가 처한 모든 자리에서 아름답게 실현되어야 하는 가치입니다. 나의 믿음을 연단하고 자라게 하기 위해서, 하나님께서 '지금 이 자리'를 나에게 허락하십니다.

따라서 내가 있는 자리는 단순히 '머무름의 공간'이 아니라, 하나님과 동행하며 믿음을 실천할 수 있는 '기회의 자리'입니다. 그 자리를 대하는 나의 올바른 태도와 선택 속에서 하나님을 향한 믿음이 건강하게 펼쳐집니다. 평범하고 반복되는 하루일지라도, 그 안에서의 작은 순종과 신실함이 하나님 보시기에 결코 작지 않은 믿음의 표현입니다. 하나님은 우리가 '그 자리에서 무엇을 하느냐'보다, '그 일을 어떤 마음으로 감당하느냐'를 주목해서 보십니다.

믿음은 환경을 바꾸는 데서 시작되지 않습니다. 그 환경 속에서 하나님을 어떻게 바라보느냐의 태도에서 시작됩니다. 성도는 어디에 있든지, 그 자리를 하나님께서 나에게 허락하신 장으로 여기면서 믿음으로 반응하며 살아가

는 사람입니다. "17 비록 무화과나무가 무성하지 못하며 포도나무에 열매가 없으며 감람나무에 소출이 없으며 밭에 먹을 것이 없으며 우리에 양이 없으며 외양간에 소가 없을지라도 18 나는 여호와로 말미암아 즐거워하며 나의 구원의 하나님으로 말미암아 기뻐하리로다"(합 3:17-18).

지금 내가 있는 자리를 '하나님이 허락하신 믿음의 자리'라고 생각해 본 적이 있습니까?

① 매일 나의 삶의 자리가 믿음의 훈련장이라는 것을 느낀다.
② 가끔 그런 생각이 들어간다. 특히 힘들 때 그런 것 같다.
③ 듣고 보니 그런 시각이 필요할 것 같다.
④ 전혀 그렇게 생각해본 적이 없다.
⑤ 예전에는 그렇게 생각한 적이 있었는데, 요즘은 잊고 살아간다.
⑥ 지금부터라도 그런 시각을 가지려고 노력하겠다.

3. 교회(Church)

내가 머무는 곳이 곧 믿음의 자리입니다. 내가 지금 교회에 머물고 있다면, 그곳이 나의 믿음을 펼쳐내야 할 자리입니다. 교회는 단순히 '와서 앉아 있는 공간'이 아니라, 하나님이 나의 믿음을 사용하시고 자라게 하시는 '살아 있는 믿음의 장'입니다. 교회는 말씀을 배우고 기도하며 다른 성도들과 함께 나의 믿음을 세워가는 곳입니다. 그 안에서 우리는 하나님 앞에서 나 자신을 돌아보고, 믿음으로 다시 시작할 수 있는 은혜를 경험합니다.

교회는 믿음의 훈련 장소입니다. 교회 공동체 안에서 성도는 서로를 통해서 배우고 위로받으면서, 하나님 나라의 일꾼으로 성장하고 다듬어집니다. 작게는 인사와 기도, 크게는 봉사와 헌신까지, 교회에서 이루어지는 모든 행위를 통해서 성도는 하나님 나라의 일꾼으로 훈련되어갑니다.

교회는 하나님께서 성도를 다듬으시면서 믿음을 세워 가시는 현장입니다. 하나님의 손길이 교회에 머물러 있습니다. 교회는 단순한 모임의 공간이 아니라, 하나님께서 믿음을 자라게 하시고 사랑을 훈련시키시는 거룩한 공간입니다. 교회에서의 만남과 섬김은 우리의 믿음을 구체화시키는 통로가 됩니다. "24 서로 돌아보아 사랑과 선행을 격려하며 25 모이기를 폐하는 어떤 사람들의 습관과 같이 하지 말고 오직 권하여 그날이 가까움을 볼수록 더욱 그리하자"(히 10:24-25).

교회에서 '내가 머무는 자리'를 하나님께서 허락하신 믿음의 자리라고 느낀 적이 있습니까?
　① 지금 그 자리를 감사히 지키고 있다.
　② 요즘 들어서 하나님께서 나를 이 자리에 두셨다는 생각이 들어 간다.
　③ 가끔 그런 생각이 들긴 하지만, 아직 확실히는 잘 모르겠다.
　④ 한 번도 그렇게 생각해 본 적이 없다.
　⑤ 이제부터라도 그런 시각으로 바라보려고 노력하겠다.
　⑥ 하나님이 주신 자리라고 생각하면서, 더욱 최선을 다하겠다.

4. 가정(Family)

내가 머무는 곳이 곧 믿음의 자리입니다. 내가 지금 가정에 머물고 있다면, 그곳이 바로 내가 믿음을 펼쳐내야 할 자리입니다. 일차적으로 가정은 쉼의 공간입니다. 동시에 가정은 하나님께서 나의 믿음을 사용하시고 자라게 하시는 살아 있는 믿음의 현장이기도 합니다. 가정은 가장 가까운 가족들과의 관계 속에서 믿음을 실천할 수 있는 훈련장입니다.

가정에서 나의 믿음을 가족을 사랑하고, 돌보고, 섬기는 태도로 펼쳐낼 수 있습니다. 가족들과 나누는 일상적인 대화와 순간순간의 선택들 속에서 나의 믿음이 드러납니다. 가족들과 갈등하는 순간에도 믿음이 드러납니다. 하나님은 우리가 가정 안에서 나의 역할을 어떤 마음으로 감당하는지를 귀하게 보십니다. 믿음은 가정 안에서 사랑과 인내, 자비와 절제를 반복적으로 훈련하는 과정을 통해서 자라갑니다.

가족들 사이에 작은 배려와 이해와 진심 어린 용서와 기도가 쌓일 때, 가정은 하나님 앞에서 믿음의 향기가 진동하는 공간이 됩니다. 가정은 하나님께서 성도의 인품을 세우고 다듬어 가시는 귀한 믿음의 자리입니다. "3 네 집 안방에 있는 네 아내는 결실한 포도나무 같으며 네 식탁에 둘러앉은 자식들은 어린 감람나무 같으리로다 4 여호와를 경외하는 자는 이같이 복을 얻으리로다"(시 128:3-4).

함께 나누어요 ❹

가족들 사이에 갈등이 생기거나 어려움이 있을 때, 나는 믿음을 어떻게 드러내나요?

① 감정이 먼저 튀어나올 때가 많다.

② "주여, 인내하게 하옵소서!" 속으로만 이렇게 외친다.

③ 기도하면서, 상황을 하나님께 맡긴다.

④ 사랑으로 덮으려고 애쓰지만, 쉽지 않다.

⑤ 갈등이 생겼을 때, 오히려 더 하나님께 가까이 나아가는 편이다.

⑥ 믿음이고 뭐고, 그 순간에 아무 생각도 나지 않는다.

함께 나누어요 ❺

'가정은 믿음을 실천할 수 있는 훈련장이다.' 이 문구에 맞는 바람직한 행동은 무엇인가요?

① 집에서는 신앙적인 주제를 금지한다.

② 가족이기 때문에 편하게 나의 감정을 거리낌 없이 쏟아낸다.

③ 모든 식구들이 둘러앉은 식사의 자리에서 30초 정도 감사와 축복의
   기도를 한다.

④ 바쁠 때는 인사를 생략한다.

⑤ 힘들면 문을 닫고 방콕한다.

⑥ 축하와 칭찬은 생일에만 한다.

5. 직장(Workplace)

내가 머무는 곳이 곧 믿음의 자리입니다. 내가 지금 직장에 머물러 있다면, 그곳이 바로 내가 믿음을 펼쳐내야 할 자리입니다. 직장은 단순히 생계를 위한 공간을 넘어서, 하나님께서 나를 보내신 사명의 현장입니다. 성도는 직장에서 맡은 업무와 인간관계 속에서 정직과 성실, 사랑과 절제라는 믿음의 열매를 드러내는 사람입니다. 작은 일에 충성하는 태도, 불의와 타협하지 않는 자세, 동료를 존중하고 섬기는 마음 등, 이 모든 것이 믿음의 실천이 됩니다.

직장에서도 성도는 하나님의 자녀로서의 정체성을 잃지 않아야 합니다. 때로는 업무의 무게나 동료들과의 갈등 때문에 힘들어할 수 있지만, 그런 순간들도 하나님을 의지하면서 믿음을 훈련하는 소중한 기회로 삼아야 합니다.

하나님은 우리가 직장에서 어떤 성과를 내느냐보다, 어떤 마음가짐으로 그 자리에 있는가를 귀하게 보십니다. 신앙인들은 예배당을 넘어서, 직장의 일상 속에서도 선명하게 자신의 믿음을 드러내야 하는 사람들입니다. 하나님께서 허락하신 '직장'이라는 장(場)을 하나님께 영광 올려드리는 장으로 삼아야 합니다. 직장에서 흘리는 땀과 인내가 하나님의 손에 들려질 때, 그것이 하나님께 드려지는 거룩한 예배가 됩니다. "23 무슨 일을 하든지 마음을

 24 이는 기업의 상을 주께 받을 줄 아나니 너희는 주 그리스도를 섬기느니라”(골 3:23-24).

직장에서 내가 주로 갖는 태도는 무엇인가요?
① 진심 어린 배려와 경청으로 동료들에게 다가간다.
② 묵묵히 신뢰를 쌓는다.
③ 불리한 상황에서는 조용히 거리두기를 한다.
④ 갈등 상황에서 먼저 사과하고 화해를 시도한다.
⑤ 내 일에만 집중하고 관계에는 별로 관심을 두지 않는다.
⑥ 평소에는 괜찮은데, 속상할 때는 감정 관리가 어려운 편이다.

6. 세상(World)

내가 머무는 곳이 곧 믿음의 자리입니다. 내가 지금 세상 한복판에 머물러 있다면, 그곳이 바로 내가 믿음을 펼쳐내야 할 자리입니다. 반복하건대, 믿음은 내가 살아가는 일상의 모든 자리에서 실현되어야 하는 살아 있는 고백입니다. 종종 세상이 우리의 믿음을 시험하고 흔드는 공간처럼 느껴지는 것이 사실입니다. 하지만 가치관이 혼들리고 기준이 불분명한 세상 속에 있을 때도, 성도는 진리 위에 굳게 서야 합니다. 세상에 머물러 있지만, 세상의 기준이 아니라 하나님의 말씀에 따라 살아가는 것이 곧 빛으로 사는 삶입니다. 믿음은 고립된 신념이 아니라, 세상 속에서 말과 행동으로 드러나는 실천적인 고백입니다.

우리의 말 한마디, 행동 하나가 이 세상 속에서 하나님을 증언하는 통로가 될 수 있습니다. 세상 한복판에서 하나님의 자녀로 살아간다는 것은 어두움 가운데 빛을 비추는 삶을 선택하는 것과 같습니다. 하나님은 성도가 세상 속에서 구별된 삶을 살아가는지를 눈여겨보십니다. “14 너희는 세상의 빛이라

산 위에 있는 동네가 숨겨지지 못할 것이요 15 사람이 등불을 켜서 말 아래에 두지 아니하고 등경 위에 두나니 이러므로 집 안 모든 사람에게 비치느니라 16 이같이 너희 빛이 사람 앞에 비치게 하여 그들로 너희 착한 행실을 보고 하늘에 계신 너희 아버지께 영광을 돌리게 하라"(마 5:14-16).

함께 나누어요 ❼

세상에서 사람들과 부딪힐 때, 말이나 행동으로 하나님을 드러낸 경험이 있습니까?

① "아직 없다. 부딪히는 순간에 나 자신만 드러난다."
② "마음은 있지만, 아직 행동으로 옮기지는 못했다."
③ "갈등 상황에서 속으로 기도하면서 참아내려고 노력하는 편이다."
④ "상대방에게 상처를 주지 않으려고 조심스럽게 말한다."
⑤ "그 순간에 감정을 드러내지 않으려고 노력한 적이 몇 번 정도는 있다."
⑥ "그 순간을 말과 행동으로 하나님의 사랑을 전할 기회로 삼아야 하는데, 마음만 굴뚝 같다."

함께 나누어요 ❽

세상 속에서 하나님의 말씀을 기준 삼아서 살아갈 때, 어떤 어려움이 있을까요?

① 주변 사람들의 시선과 평가
② 세상의 가치관과의 충돌
③ 손해나 불이익에 대한 두려움
④ 내 감정과 욕심과의 싸움
⑤ 그 순간에 하나님의 뜻을 분별하기 어려움
⑥ 유혹과 타협의 압박

내가 머무는 자리(교회·가정·직장·세상) 중에서 믿음을 실천하기 가장 어려운 곳이 어디인가요? 그 이유가 어디에 있을까요?

지금까지 "믿음의 자리"라는 주제로 성경 공부를 하였습니다. 성경 공부를 통해서 깨달은 점이나 마음에 남은 은혜나 새롭게 얻은 통찰을 간단하게 적어 보시기 바랍니다. 이 기록이 앞으로 하나님과 함께 걸어갈 믿음의 여정을 새롭게 준비하는 소중한 흔적이 될 것입니다.

예시

내가 있는 모든 자리가 하나님께서 허락하신 믿음의 자리라는 사실이 마음에 깊이 와닿았습니다. 교회와 가정과 직장과 세상 모든 곳이 나에게 허락된 '믿음의 자리'입니다. '어디에 있느냐'와 '그 자리에서 어떻게 살아가느냐'가 함께 중요하다는 것을 기억하면서, 매일의 삶의 자리에서 믿음으로 반응하는 삶을 살아가고 싶습니다.

성경 공부를 통해서 얻은 통찰 메모하기

믿음의 태도

5과. 믿음의 태도

1. 겸손
2. 순종
3. 인내
4. 감사
5. 경외
6. 회개

5과. 믿음의 태도

1. 믿음의 태도란 곧 하나님 앞에서의 자세임을 알게 한다.
2. 겸손과 순종과 인내와 감사와 경외와 회개가 믿음에서 비롯됨을 배운다.
3. 바른 믿음의 태도가 삶 속에의 말과 행동 속에 드러남을 깨닫게 한다.
4. 올바른 믿음의 태도가 하나님과 동행하는 삶으로 이어짐을 알게 한다.

믿음의 태도는 단순히 기분을 넘어서 하나님 앞에 서는 방식으로서, 신앙인들의 선택과 반응을 바꿉니다. 그 출발은 겸손으로서, 겸손은 하나님의 선하심을 신뢰하는 순종으로 이어집니다. 하나님의 때를 믿기 때문에 인내로 오늘을 성실히 걸어가며, 모든 순간을 감사로 받아들입니다. 그분의 거룩을 아는 마음은 경외를 낳고, 넘어질 때마다 나의 삶의 방향을 회개로 방향 짓습니다. 이런 태도들이 겹겹이 쌓일 때 성도에게 하루는 특별한 하루가 됩니다. "사람아 주께서 선한 것이 무엇임을 네게 보이셨나니 여호와께서 네게 구하시는 것은 오직 정의를 행하며 인자를 사랑하며 겸손하게 네 하나님과 함께 행하는 것이 아니냐"(미 6:8).

[들어가면서]

살다 보면 '태도'가 모든 것을 바꿔 놓는 순간을 경험하곤 합니다. 같은 상황인데도 어떤 사람은 원망하고, 어떤 사람은 감사합니다. 어떤 사람은 조급하게 불평하지만, 어떤 사람은 묵묵히 인내하며 자신의 자리를 지킵니다.

그 상황에서 어떤 태도를 가질 것인가 하는 것은 나의 선택의 문제입니다. 어떤 이는 회개의 태도로 그 순간을 대할 때 자신의 내면이 달라지는 것을 경험한다고 합니다. 믿음은 이런 태도 안에 스며 있습니다. 나의 믿음은 나의 표정과 말투와 선택과 반응 속에 담겨 있습니다. 믿음이 깊어질수록, 신자는 점점 따뜻한 향취가 배어 있는 태도를 지니게 됩니다. 믿음은 삶을 대하는 태도의 문제입니다.

1. 겸손(Humility)

겸손이 곧 믿음의 태도입니다. 겸손은 하나님 앞에서 나의 연약함과 부족함을 기꺼이 인정하는 마음의 자세입니다. 믿음은 이 겸손한 마음에서 시작됩니다. 나를 의지하고 높이려는 마음은 믿음을 흐리게 만들지만, 나를 낮추면서 하나님께 마음을 여는 태도는 믿음을 맑고 건강하게 자라게 합니다.

겸손한 사람은 하나님의 말씀을 귀 기울여서 듣고, 그 말씀에 순종하려는 마음을 품습니다. 자신의 능력과 계획보다 하나님의 전능하심과 선하심을 더 신뢰하며, 동기와 과정과 결과까지를 하나님께 맡깁니다. 또한 겸손은 다른 사람의 충고와 권면에도 열린 마음을 갖게 하여서, 공동체 안에 경청과 존중의 문화를 만들어 냅니다. 나의 뜻이 하나님의 뜻과 다를 때, 겸손이 나에게 고집을 내려놓고 하나님의 뜻을 받아들일 수 있는 용기를 줄 때도 있습니다. 겸손은 단순히 성품을 넘어서, 하나님을 전적으로 의지하는 믿음의 핵심 태도입니다.

결론적으로 이렇게 말할 수 있습니다. "겸손은 하나님께서 예비하신 은혜를 담는 그릇이다. 하나님은 겸손한 자에게 친히 다가오신다. 겸손한 자를 통해서 당신의 크신 일을 이루어 가신다." "무릇 자기를 높이는 자는 낮아지고 자기를 낮추는 자는 높아지리라"(눅 14:11).

다음 중 지금 나눈 내용의 핵심에 가장 가까운 것은 무엇인가요?

① 성숙한 믿음이란 자기 확신을 극대화하는 것이다.

② 겸손은 나의 연약함을 인정하면서 하나님을 전적으로 의지하는
   태도이다.
③ 겸손은 나의 실수를 솔직하게 인정하는 태도이다.
④ 스스로를 낮추게 보이게 만드는 기술이 겸손이다.
⑤ 남보다 덜 드러나면, 그것이 겸손이다.
⑥ 규칙에 잘 순응할 때, 겸손이 자란다.

2. 순종(Obedience)

순종이 곧 믿음의 태도입니다. 믿음은 하나님께 나의 삶을 온전히 맡기는 전적인 신뢰의 표현입니다. 이 신뢰는 반드시 순종으로 이어집니다. 따라서 순종은 그 사람의 믿음이 참되다는 증거가 됩니다. 신앙인들에게 순종은 하나님을 믿고 사랑하기에 기꺼이 드러나는 삶의 자세로서, 하나님의 뜻에 순종하면서 신앙인들은 하나님의 선하심과 인도하심을 풍성하게 경험하게 됩니다.

성경은 순종 없는 믿음을 '죽은 믿음'이라 분명히 말씀합니다. "영혼 없는 몸이 죽은 것 같이 행함이 없는 믿음은 죽은 것이니라"(약 2:26). 참된 순종은 억지로 하는 복종과 구별됩니다. '하나님을 신뢰하는 마음에서 흘러나오는 자발적인 반응!' 이것이 순종입니다.

순종은 때로 우리의 생각과 계획을 내려놓을 것을 요구하지만, 그 과정을 통해서 믿음이 더욱 견고해집니다. 진정한 믿음은 하나님의 말씀 앞에서 '예'라고 응답하는 순종으로 드러납니다. 결론적으로 다음과 같이 얘기할 수 있습니다. "순종은 성도가 하나님과 동행하는 삶의 방식이다. 순종은 성도가 하나님 나라 백성임을 보여주는 뚜렷한 표지이다."

함께 나누어요 ❷

3. 인내(Perseverance)

인내가 곧 믿음의 태도입니다. 하나님의 약속이 반드시 이루어진다는 것을 신뢰하는 것이 믿음입니다. 이 믿음이 성도에게 인내할 것을 요구합니다. 인내는 단순히 참는 것을 넘어서, 하나님의 신실하심을 신뢰하면서 오늘을 충실히 살아가는 적극적인 믿음의 자세입니다. 믿음으로 인내하는 자는 눈에 보이는 변화가 없더라도, 하나님께서 지금도 일하고 계심을 믿고 기다릴 수 있습니다.

때로는 하나님의 응답이 지연되는 것처럼 느껴질 수 있지만, 그 기다림 속에서 하나님은 우리를 연단하시면서 성장시키십니다. 따라서 인내의 훈련을 통해서 믿음이 더욱 순결하게 정련되고, 하나님과의 관계 또한 더욱 깊어집니다. 하나님은 인내하면서 믿음을 지키는 자를 귀하게 여기시는 분으로서, 결국 그가 바라는 것을 이루어 주십니다.

결론적으로 다음과 같이 얘기할 수 있습니다. "인내는 하나님의 뜻이 이루어지는 때와 방법을 하나님께 맡기는 믿음의 표현이다. 인내는 성도의 삶을 끝까지 하나님께 붙잡히게 하는 능력이다. 인내는 신자가 믿음의 여정을 완주하도록 돕는 은혜의 도구이자, 하나님 나라의 소망을 굳게 붙드는 삶의 방식이다." "만일 우리가 보지 못하는 것을 바라면 참음으로 기다릴지니라"(롬 8:25).

삶의 무게로 힘이 드는 순간에도 하나님이 지금도 일하고 계신다는 것을 믿으면, 오늘 하루를 어떻게 살아가게 될까요?

① 지나친 걱정을 내려놓는다.

② 조급해지지 않고, 한 걸음씩 차분히 걸어가게 된다.

③ 지금 이 순간을 의미 있게 여기려고 노력한다.

④ 작은 일에도 '하나님이 하신다'는 기대감을 갖는다.

⑤ 일이 안 풀려도 '하나님이 아시겠지' 하고 상황을 하나님께 맡긴다.

⑥ 아직은 잘 모르겠다.

4. 감사(Thanksgiving)

감사가 곧 믿음의 태도입니다. 믿음은 하나님의 선하심과 주권을 신뢰하는 것으로서, 이 믿음이 감사를 가능하게 합니다. 감사는 하나님이 나의 삶을 가장 좋은 길로 인도하신다는 확신에서 나오는 믿음의 표현입니다. 신앙인들은 하나님의 뜻과 계획을 신뢰하기에, 상황이 좋지 않아도 감사할 수 있는 사람들입니다. 믿음으로 드리는 감사로 인해서 하나님과의 관계가 더욱 깊어지고 친밀해집니다.

감사하는 믿음으로 인해서, 신앙인들은 상황을 바라보는 시각이 바뀝니다. 문제 속에서 하나님의 손길을 발견하고, 부족함 속에서 그분의 공급하심을 체험합니다. 믿음으로 드리는 감사가 우리의 마음을 지키면서, 낙심 대신 소망을 붙들게 합니다.

감사는 단순히 감정을 넘어서, 하나님을 바라보는 태도에서 나오는 살아 있는 믿음의 증거입니다. 감사는 성도의 일상에서 끊임없이 고백되어야 하는 가치이며, 하나님께 영광을 돌리는 삶의 방식입니다. 또한 감사는 성도가 하나님 나라를 향해서 걸어가고 있음을 드러내는 표지입니다. 믿음으로 살아가는 성도의 삶은 하나님을 향한 감사의 고백으로 채워져야 합니다. "범사에 감사하라 이것이 그리스도 예수 안에서 너희를 향하신 하나님의 뜻이니라"(살전 5:18).

5. 경외(Reverence)

하나님 경외가 곧 믿음의 태도입니다. 믿음은 하나님을 단순히 아는 것을 넘어서, 그분의 거룩하심과 위대하심 앞에 나 자신을 낮추는 마음의 자세를 포함합니다. 이 믿음이 하나님을 두려워하고 존중하는 경외의 태도로 드러납니다. 따라서 성도에게 경외는 하나님을 향한 참된 믿음의 핵심이라 할 수 있습니다. 경외하는 믿음은 하나님을 더 깊이 알고자 하는 갈망을 불러일으키며, 그분의 말씀 앞에 겸손히 서게 합니다. 깊은 경외가 수반될 때 믿음은 더욱 성숙해지고, 삶의 모든 영역에서 하나님께서 기뻐하시는 것을 볼 수 있는 안목을 구비하게 됩니다.

경외는 단순히 무서워하는 감정이 아니라, 하나님의 공의와 자비를 깊이 깨달은 자가 품는 신뢰와 경탄의 태도입니다. 하나님을 경외하는 자는 하나님의 말씀과 뜻을 가볍게 여기지 않습니다. 경외의 태도가 성도의 삶에서 무엇을 선택할지에 영향을 미치면서, 거룩한 삶을 향한 열망으로 이어지기도 합니다. 이처럼 하나님을 믿는 성도의 삶에는 반드시 경외가 수반됩니다.

결론적으로 다음과 같이 얘기할 수 있습니다. "경외는 성도가 하나님과 바른 관계 속에 살아가고 있음을 드러내는 믿음의 표지이다. 하나님을 경외하는 것은 하나님을 참되게 믿는 자의 삶 전체를 관통하는 믿음의 향기이다." "여호와를 경외하는 것이 지식의 근본이거늘 미련한 자는 지혜와 훈계를 멸시하느니라"(잠 1:7).

함께 나누어요 ❺

하나님을 참되게 믿는 믿음이 경외로 드러나는 이유가 무엇일까요?

① 하나님이 얼마나 위대하고 거룩하신 분인지를 알게 되면, 자발적으로 경외하게 되기에

② 하나님이 나를 지켜보고 계신다는 생각에 말과 행동이 달라지기에

③ 그냥 하나님이 무섭기 때문에 조심하게 되는 게 아닐까?

④ 하나님이 공의로우면서도 자비롭다는 것을 알면서 존중심이 생기기에

⑤ 하나님을 진짜로 믿으면, 하나님을 가볍게 대할 수 없는 것이 사실이기에

⑥ 아직 잘 모르겠다. 경외라는 말이 낯설고 어렵게 느껴진다.

함께 나누어요 ❻

나는 하나님 경외를 일상에서 주로 어떻게 드러내나요?

① 주일 예배를 가볍게 여기지 않는다.

② 주변에 사람이 없을 때도 정직과 성실함을 선택한다.

③ 말을 할 때 하나님의 이름과 은혜를 농담거리로 삼지 않는다.

④ 중요한 결정을 앞두고, 먼저 기도하고 말씀으로 확인한 후에 결정한다.

⑤ 사람과 창조 세계를 소중히 대하고 돌본다.

⑥ 벌이 두려워서 책임을 회피한다.

6. 회개(Repentance)

회개도 중요한 믿음의 태도입니다. 회개는 자신의 죄를 슬퍼하면서 하나님께로 돌이키는 마음의 태도입니다. 회개는 단순히 감정적인 반성을 넘어서, 하나님의 거룩하심 앞에 자신을 낮추는 믿음의 응답입니다. 참된 회개는 죄에서 돌이켜서 하나님을 더욱 사랑하게 만듭니다. 하나님을 참되게 믿는 자는 자신의 죄를 가볍게 여기지 않고, 말씀 앞에서 자신을 돌아보면서 죄의 심각성을 가슴 깊이 새깁니다.

이처럼 참된 회개는 진정한 믿음과 떨어질 수 없는 관계에 있습니다. 깊은 회개가 수반된 믿음은 하나님의 용서와 관계의 회복을 경험하는 통로입니다. 믿음은 하나님께 나아갈 용기와 소망을 주고, 회개는 그 믿음을 더욱 순결하고 견고하게 만듭니다.

회개는 '하나님의 은혜 없이는 살 수 없다'는 겸손한 고백에서 비롯되며, 죄를 털어내려는 시도를 넘어서 하나님의 뜻 안에서 다시금 새롭게 살겠다는 믿음의 결단입니다. 회개를 통해서 성도는 하나님과의 관계가 회복하면서, 더 깊은 교제 속으로 들어가게 됩니다. 지속적으로 나 자신을 돌아보면서 깊은 회개의 자리를 찾는 것이 성도를 거룩으로 이끄는 동력이 됩니다. "하나님께서 구하시는 제사는 상한 심령이라 하나님이여 상하고 통회하는 마음을 주께서 멸시하지 아니하시리이다"(시 51:17).

진정성 없는 회개가 어떠한 태도를 낳을까요?

① 단순히 후회하는 것에서 그친다.

② 자기 연민을 낳는다.

③ 변명을 낳는다.

④ 죄에 대해서 무관심한 태도를 낳는다.

⑤ 형식적인 고백에 그치게 만든다.

⑥ 반복되는 죄를 대충 덮고 지나치게 만든다.

함께 나누어요 ❽

진정한 회개를 통해서 하나님과 관계가 회복되었다고 느꼈던 경험이 있습니까?

① 눈물로 기도한 후에 마음이 평안해지면서 하나님이 가깝게 느껴졌던 적이 있다.

② 죄를 고백한 후에 다시 하나님 앞에 나아갈 용기가 생겼다.

③ 정확한 설명은 어렵지만, 무언가 일이 풀리는 느낌이 들었다.

④ 회개가 어떤 것인지를 지금 배워가는 중이다.

⑤ 죄책감만 남고, 솔직히 하나님한테서 더 멀어진 것 같다.

⑥ 회개는 해봤지만, 관계 회복까지 나아가지 못했던 것 같다.

함께 나누어요 ❾

믿음이 깊어지는 것이 '삶의 태도'에 어떤 변화를 가져온다고 생각하시나요?

지금까지 "믿음의 태도"라는 주제로 성경 공부를 하였습니다. 성경 공부를 통해서 깨달은 점이나 마음에 남은 은혜나 새롭게 얻은 통찰을 간단하게 적어 보시기 바랍니다. 이 기록이 앞으로 하나님과 함께 걸어갈 믿음의 여정을 새롭게 준비하는 소중한 흔적이 될 것입니다.

예시

건강한 믿음이 삶을 대하는 태도에서 구체적으로 드러난다는 것을 깨달았습니다. 겸손과 순종, 인내와 감사, 경외와 회개가 각각 따로 떨어진 덕목이 아니라, 하나님을 진심으로 신뢰할 때 저절로 열매처럼 맺히는 믿음의 태도임을 알았습니다. 어떤 상황에 처하든, 그 순간의 태도가 곧 내 믿음의 깊이를 드러낸다는 점에서, 앞으로는 더 신중하게 살아가겠다는 다짐을 해봅니다. 믿음은 태도이고, 태도는 결국 나의 선택이기에, 오늘부터 내 말과 표정과 행동 속에 믿음의 향기를 담아내도록 노력하겠습니다.

믿음의
습관

6과. 믿음의 습관

6과. 믿음의 습관

매일의 작은 습관들이 겹겹이 쌓이면서 믿음이 견고해집니다. 성도의 믿음의 습관의 중심에 예배와 말씀과 기도가 있습니다. 또한 하나님을 의식하면서 말하고 행동하고, 공동체와의 교제 속에서 서로 격려하면서도, 믿음이 흔들림 없이 서갑니다. 성도에게 영적으로 좋은 습관들은 믿음을 지켜 주는 기둥이며, 끝까지 믿음의 여정을 걷게 하는 에너지가 됩니다. 이러한 습관들이 위기에 직면해서도 성도의 믿음을 지탱하는 힘이 되며, 영적인 흐트러짐을 바로잡는 영혼의 리듬이 됩니다. 믿음은 한순간의 열정보다, 하루하루 반복되는 거룩한 습관 속에서 더욱 깊어집니다.

[들어가면서]

어떤 분이 이런 이야기를 들려주었습니다. "매일 아침에 눈을 뜨자마자 말씀을 읽는 습관을 들였더니, 하루를 살아가는 태도가 달라졌습니다. 처음에는 억지로 말씀을 읽었는데, 계속 하다 보니 어느새 말씀을 읽는 것이 습관이 되었습니다."

그렇습니다. 작은 습관들이 모여서 일상이 만들어집니다. 좋은 습관이 쌓이면 생각이 바뀌고, 생각이 바뀌면 삶도 바뀝니다. 습관이 삶이 되어서 누군가는 조용히 걷는 시간에 하나님을 떠올리고, 누군가는 식사 전에 감사기도를 빠뜨리지 않습니다. 예배와 말씀과 기도와 교제와 섬김 등, 이것들이 습관이 되면서 나의 믿음을 든든하게 지켜주는 기둥이 됩니다. 이런 점에서 볼 때 믿음은 큰 결단에서도 자라나고, 작은 습관 속에서도 자라나는 것 같습니다. 좋은 믿음의 습관들은 우리의 영혼을 끝까지 지탱해주는 힘이 됩니다.

1. 예배드리는 것(to Offer Worship)

예배를 드리는 것은 훌륭한 믿음의 습관입니다. 예배는 하나님을 하나님으로 인정하며, 그분께 나의 마음과 삶을 드리는 믿음의 표현입니다. 본래 하나님께서 인간을 창조하신 목적에 예배가 있습니다. 예배는 신앙인들이 자신의 존재 이유를 회복하는 자리로서, 신앙인들은 예배를 드리면서 하나님 안에서 참된 기쁨과 만족을 누릴 수 있습니다.

규칙적으로 예배드리는 습관을 가짐으로써, 신자는 자신의 시선을 하나님에게서 떼지 않을 수 있습니다. 예배 가운데 찬양을 드리고 말씀을 듣습니다. 그렇게 공동체 안에서 함께 하나님을 높이는 가운데 믿음이 자연스럽게 자라갑니다. 이처럼 예배는 성도에게 '하나님이 누구신지와 내가 누구인지'를 깨닫게 해 주고, 그분의 은혜 안에 머무는 귀한 시간을 제공해 줍니다.

믿음이 성장하기 위해서 반드시 필요한 영적 호흡이 있다면, 그것은 바로 예배의 자리를 지키는 습관입니다. 성도에게 예배는 지치지 않고 믿음의 여정을 걸어가도록 도와주는 은혜의 샘과 같습니다. "하나님은 영이시니 예배하는 자가 영과 진리로 예배할지니라"(요 4:24). 따라서 신앙인들은 어떤 상황 속에서도 예배의 자리를 놓치지 않아야 합니다. 예배를 드리면서 하나님과 깊은 사귐을 갖는 것은 신앙인들에게 최고로 중요한 믿음의 습관입니다.

함께 나누어요 ❶

2. 말씀을 가까이하는 것(to Keep Close to the Word)

말씀을 가까이하는 것이 믿음의 습관입니다. 하나님의 말씀은 성도의 믿음의 기초로서, 말씀은 하나님과의 관계를 세워가는 중요한 통로입니다. 말씀을 가까이하는 습관은 우리 마음에 하나님의 진리를 새기는 행위입니다. 심령 가운데에 심기어진 그 진리가 성도의 삶의 선택과 행동을 이끄는 시금석이 됩니다. 성도는 말씀을 통해서 하나님이 누구신지, 자신이 누구인지, 그리고 어떻게 살아야 하는지를 알게 됩니다. 규칙적으로 말씀을 읽고 묵상할 때, 믿음이 말씀의 반석 위에 흔들림 없이 뿌리를 깊게 내릴 수 있습니다.

신앙인들에게 하나님의 말씀은 그 내면을 새롭게 함으로써, 믿음의 여정 속에서 하나님의 뜻을 분별하고 순종하게 하는 능력이 됩니다. 매일의 삶 속에서 말씀을 듣고 묵상하며 살아가는 습관은 성도를 점점 하나님을 닮은 자로 변화시킵니다. "주의 말씀은 내 발에 등이요 내 길에 빛이니이다"(시 119:105). 말씀을 마음에 간직하는 사람은 세상의 가치관에 휘둘리지 않고, 하나님의 약속을 가슴에 새기면서 담대히 걸어갑니다. 여러 정보들이 넘쳐나는 시대 속에서, 성도는 더욱 의식적으로 말씀을 가까이하며 하나님의 음성에 귀를 기울여야 합니다.

얼마나 말씀을 가까이하면서 살아가나요?

① 집에 성경을 어디에 두었는지 기억이 가물가물하다.

② 마음은 있는데 손이 안 간다. 가끔 한 번쯤은 성경을 펴서 읽는다.

③ 주일에 한 번 설교 본문으로만 접한다.

④ 성경을 일주일에 몇 번 정도 읽는다. 조금씩 습관을 들여가는 중이다.

⑤ 매일 읽고 묵상하려고 노력한다.

⑥ 말씀 없이는 하루를 시작할 수 없다. 말씀은 나에게 생명줄이다.

3. 기도하는 것(to Pray)

기도하는 것이 믿음의 습관입니다. 기도는 하나님과 마음을 주고받는 대화로서, 기도 역시 믿음이 자라는 중요한 통로입니다. 신앙인들은 기도를 특정한 시간에만 하지 않습니다. 일상 속에서 언제든지 기도할 수 있습니다. 우리가 하나님께 기도할 때, 하나님은 우리의 목소리를 들으시고 응답하시면서 우리의 믿음을 키워 가십니다. 또한 우리 신앙인에게 기도는 하나님의 음성에 귀를 기울이는 시간이자, 그분의 뜻을 깨달아 아는 순간입니다. 기도는 단순히 문제 해결을 위한 수단을 넘어서, 하나님과 함께 걷는 믿음의 여정을 배우는 귀한 채널입니다.

하나님께 기도하면서 크고 작은 일을 맡기는 습관을 가짐으로써, 성도는 하나님을 신뢰하는 믿음이 깊어집니다. 기도하는 사람은 어떤 상황 속에서도 하나님을 신뢰하며, 믿음으로 반응하는 삶을 살아가게 됩니다. 기도의 자리를 지키는 사람은 하나님의 약속을 붙잡고 꿋꿋하게 신앙 여정을 걸어갈 수 있습니다. "9 내가 또 너희에게 이르노니 구하라 그러면 너희에게 주실 것이요 찾으라 그러면 찾아낼 것이요 문을 두드리라 그러면 너희에게 열릴 것이니 10 구하는 이마다 받을 것이요 찾는 이는 찾아낼 것이요 두드리는 이에게는 열릴 것이니라"(눅 11:9-10).

4. 하나님을 의식하면서 살아가는 것(to Live Conscious of God)

성도가 하나님을 의식하면서 살아가는 것도 중요한 믿음의 습관입니다. 믿음은 하나님을 '아는 지식'에 머무르지 않습니다. 믿음은 하나님이 지금 나와 함께 계심을 신뢰하는 '동사의 삶'입니다. 하나님을 의식하며 살아간다는 것은 모든 순간에 내가 하나님의 눈앞에 서 있다는 마음으로 말하고 행동하는 삶의 태도를 의미합니다. 하나님을 의식하며 살아가는 삶은 성도로 하여금 삶 속에서 그분의 뜻을 이루어 드리는 것에 목표를 두게 합니다.

하나님을 의식하는 사람은 혼자 있는 자리에서도 하나님 앞에 있는 것처럼 정직하고 성실하게 행합니다. 이런 삶은 죄를 멀리하게 하고, 하나님의 뜻을 따르려는 결단으로 이어지면서, 성도의 믿음을 점점 성숙으로 이끕니다. 하나님과의 친밀함을 깊게 하고, 그분의 뜻에 민감하게 반응하는 신앙인으로 성도를 성장시킵니다.

"내가 여호와를 항상 내 앞에 모심이여 그가 나의 오른쪽에 계시므로 내가 흔들리지 아니하리로다"(시 16:8). 이 고백이 우리의 삶의 고백이 될 때, 믿음은 깊이 뿌리를 내리고 흔들리지 않게 됩니다. 그럴 때 신자는 어떤 환경 속에서도 하나님께 향한 깊은 신뢰를 놓지 않게 됩니다.

평소에 하나님이 지금 나와 함께 계신다는 것을 얼마나 자주 생각하며 살아 가십니까?

① "그런 생각을 한 번도 해 본 적이 없다."

② "급할 때만 생각한다." "시험을 앞두고…" "아파서 병원에 갈 때…"

③ "일주일에 한두 번은 생각한다. 찔릴 때도 있지만, 그래도 하나님께 감사한다."

④ "꽤 자주 생각한다. 생각할 때마다 삶이 정돈되는 느낌이다."

⑤ "하나님이 늘 곁에 계신다는 것을 의식하면서 살려고 노력한다."

⑥ "거의 24시간 하나님과 동행 중이다."

5. 믿음의 식구들과 교제하는 것(to have Fellowship)

믿음의 식구들과 교제하는 것도 중요한 믿음의 습관입니다. 믿음의 길은 나 혼자만의 길이 아닙니다. 믿음은 함께 나눌 때 더욱 자라고 깊어집니다. 하나님께서는 우리에게 신앙 공동체를 주셔서, 서로를 격려하면서 믿음을 세워가도록 하셨습니다. 함께 예배드리고, 말씀을 나누고, 기도하고 교제하면서, 그 믿음이 든든히 세워져 갑니다. 공동체 안에서 기쁨을 나누고, 삶의 어려움도 함께 이겨내면서, 성도는 성숙한 믿음의 사람으로 날마다 거듭납니다.

하나님은 당신의 자녀들이 서로 사랑하면서 믿음이 함께 자라가기를 원하십니다. 이런 점에서 볼 때 신앙 공동체에서의 영적 교제는 단순한 만남이 아니라, 믿음 안에서 서로를 세워가는 중요한 신앙 훈련입니다. 그러므로 성도는 공동체를 소중히 여기면서, 서로를 세워주는 사랑과 섬김에 힘써야 합니다. 모든 성도들이 함께 걷는 믿음의 여정 위에서, 교회는 서로를 세우면서 사랑 안에서 성장해 가는 터전이 됩니다. 나아가서 세상에 나가서 빛과 소금의 역할을 감당하며 하나님께 영광을 돌리는 참된 믿음의 공동체로 우뚝 서게 됩니다. "너희가 짐을 서로 지라 그리하여 그리스도의 법을 성취하라"(갈 6:2).

나에게 신앙 공동체의 가족들은 어떤 의미인가요?

① 아직은 어색한 사이이다. 교회에서 눈을 마주치면 살짝 인사만 하는 사이이다.

② 예배만 같이 드리는 어느 정도 거리감 있는 관계이다.

③ 반갑게 인사도 하고 나눔도 갖는 친구 같은 존재이다.

④ 함께 예배 드리고, 말씀도 나누면서 점점 가까워지고 있는 따뜻한 믿음의 가족이다.

⑤ 나를 지켜보고 기도해주는 믿음의 울타리 같은 존재이다.

⑥ 나와 함께 걸어가는 믿음의 동역자들이다. 이들은 나의 삶의 일부이다.

6. 섬기는 것(to Serve)

섬김을 일상화하는 습관도 믿음 성장에 있어서 중요한 습관입니다. 믿음은 내면에만 머무르지 않고, 삶으로 나타나야 합니다. 섬김은 믿음이 행동으로 나타나는 가장 아름다운 모습 중 하나입니다. 예수님은 당신이 "섬김을 받으러 온 것이 아니라 이 땅에 섬기러 오셨다"고 말씀하셨습니다(막 10:45). 성도는 그분의 본을 따라서, 자신의 삶의 자리에서도 섬김을 펼쳐내야 합니다. 나를 내어놓는 섬김이 깊어지면서, 성도는 조금씩 예수님을 닮아가게 됩니다.

섬김은 하나님께 향한 믿음의 표현이자, 이웃을 향한 사랑의 표현입니다. 섬기는 습관은 우리 안의 이기심을 깨뜨리고, 하나님의 성품을 우리 삶 속에 심어줍니다. 섬김의 길 위에서 성도는 하나님과 더 깊이 연결될 수 있습니다. 신앙인들에게 섬김은 하나님 나라를 세워가는 견고한 디딤돌입니다. 섬김의 삶은 예수 그리스도의 복음을 세상에 전달하는 다리 역할을 합니다. "인자가 온 것은 섬김을 받으려 함이 아니라 도리어 섬기려 하고 자기 목숨을 많은 사람의 대속물로 주려 함이니라"(막 10:45).

'섬김'이라고 했을 때 어떤 느낌을 갖게 되나요?

① 좋은 말 같긴 한데, 아직은 부담스럽다.

② 손발은 고생하지만, 마음은 따뜻해지는 느낌이다.

③ 누가 억지로 시켜서 하는 일이 아니라 자발적으로 해야 의미가 있을 것 같다.

④ 작은 일 하나에도 진심을 담는 것이라고 생각한다.

⑤ 섬김이라고 했을 때 누군가를 위해서 기꺼이 나의 손과 발을 움직이는 모습이 연상된다.

⑥ 예수님이 제자들의 발을 씻기신 장면이 떠오른다.

7. 영적 분별력을 습득하는 것(Spiritual Discernment)

영적 분별력을 습득해 나가는 것도 성도에게 빠지면 안 되는 중요한 믿음의 습관입니다. 신앙인들은 선한 마음을 품는 것을 넘어서, '하나님의 뜻을 바르게 분별하는 안목'을 갖추는 데까지 나아가야 합니다. 영적 분별력이란 삶 속에서 하나님의 시선으로 상황을 바라보고, 말씀에 비추어서 옳고 그름을 판단하는 능력입니다. 이 세상에는 겉으로 보기에는 좋아 보이지만, 하나님의 뜻에 반하는 가치와 유혹이 무수히 많습니다. 따라서 성도에게 무엇이 진리인지를 분별할 수 있는 영적 민감함이 필요합니다.

이 분별력은 한순간에 생기지 않습니다. 말씀과 기도와 믿음의 공동체 속에서 꾸준히 훈련되면서 영적 분별력이 자라갑니다. 하나님의 뜻을 분별할 줄 아는 사람은 흔들리지 않고 올바르게 선택하며 살아갈 수 있습니다.

성도에게 영적 분별력은 믿음의 성장을 위한 필수적인 가치로서, 세상 속에서 하나님과 깊이 동행하는 삶의 출발점이 됩니다. "너희는 이 세대를 본받지 말고 오직 마음을 새롭게 함으로 변화를 받아 하나님의 선하시고 기뻐하시고 온전하신 뜻이 무엇인지 분별하도록 하라"(롬 12:2).

함께 나누어요 ❼

세상 사람들은 당연하다고 여기지만, 신앙 안에서 고민이 되는 일이 있다면 어떤 것이 있을까요?

① "남들도 다 하니까!" 눈치 안 보고 따라가는 유행

② "성공이 최고!" 결과만 좋으면 다 괜찮다는 생각

③ SNS에서 '좋아요'를 많이 받기 위해서 과하게 꾸미는 나

④ "일요일에는 바람 쐬면서 머리를 식혀야지!" 예배보다 나들이가 더 끌릴 때

⑤ 힘든 사람을 외면하면서 '바쁘기 때문에 어쩔 수가 없어요!' 하면서 지나치는 순간

⑥ '정직하게 살면 손해 본다'는 말이 살짝 설득력이 있어 보일 때

함께 나누어요 ❽

일상의 여러 습관들 중에서 나의 믿음의 성장에 가장 크게 영향을 끼치는 것은 무엇인가요?

지금까지 "믿음의 습관"이라는 주제로 성경 공부를 하였습니다. 성경 공부를 통해서 깨달은 점이나 마음에 남은 은혜나 새롭게 얻은 통찰을 간단하게 적어 보시기 바랍니다. 이 기록이 앞으로 하나님과 함께 걸어갈 믿음의 여정을 새롭게 준비하는 소중한 흔적이 될 것입니다.

예시

믿음은 단번에 완성되는 것이 아니라, 매일 반복되는 거룩한 습관 속에서 자라난다는 것을 배웠습니다. 예배와 말씀과 기도는 물론이고, 하나님을 의식하며 살아가고, 공동체와 함께 걸으며 섬김을 실천하는 삶의 작은 반복들이 나의 믿음을 지탱해 주는 기둥임을 알았습니다. 그리고 묵묵히 신실하게 살아낸 하루가 믿음을 더욱 견고히 한다는 사실이 큰 도전이 되었습니다. 앞으로 하루하루를 견실한 믿음의 습관으로 채워가겠습니다.

믿음의 유혹

7과. 믿음의 유혹

7과. 믿음의 유혹

삶을 살아감에 있어서 성도에게 믿음의 유혹이 항상 뒤따릅니다. 신앙인들의 믿음을 흔드는 여러 유혹들이 있습니다. 정체성 망각, 말씀 불신, 감사의 결여, 죄에 대한 미련, 사람을 지나치게 의식하는 것, 성공에 대한 집착, 비교의식과 열등감 등... 중요한 것은 유혹의 순간마다 성도가 자신의 시선을 하나님께로 돌려야 한다는 점입니다. 하나님께서 당신께 시선을 두는 신앙인들을 붙들어 주십니다. 믿음의 사람은 유혹의 순간마다 하나님께 마음과 시선을 두면서, 다시금 하나님께서 기뻐하시는 길을 선택하는 사람입니다.

[들어가면서]

어느 날 친구들과 모임을 마치고 집으로 돌아오는 길에 괜히 마음이 무거웠던 적이 있었습니다. 어느 친구의 화려한 삶이 자꾸 나와 비교가 되면서, 내가 뒤처진 것은 아닌가 하는 마음이 들었습니다. 그날 밤에는 기도도 잘 안 되고, 왠지 하나님께 감사하기가 어려웠습니다. 어떤 날은 정말 하나님이 나를 인도하고 계신 것인가 하는 의심이 올라오기도 하고, 어떤 날은 지금 내가 가는 이 길이 맞나 하는 마음이 들기도 합니다.

성도는 그럴 때 나의 마음을 붙들어 주실 분은 오직 주님뿐임을 기억해야 합니다. 흔들리는 순간에도 시선을 하나님께 맞출 때, 마음이 다시금 평안으로 채워집니다. 중요한 것은 유혹을 안 받는 것이 아니라, "유혹을 느낄 때 그 마음을 누구에게 두는가"입니다. 유혹이 잠깐 우리를 흔들 수는 있어도, 그때마다 다시 주님을 바라보는 연습을 통해서 믿음을 지켜낼 수 있습니다.

1. 정체성에 대한 망각(Forgetfulness of Identity)

자신의 정체성에 대한 망각이 믿음의 유혹입니다. 믿음은 단순히 '하나님을 아는 것'에서 끝나지 않습니다. '하나님 안에서 내가 누구인지'를 아는 데까지 나아가야 합니다. 하나님은 우리를 '그분의 자녀'로 부르셔서, 예수 그리스도 안에서 새로운 피조물로 삼으셨습니다. 그런데 우리는 일상 속에서 이 정체성을 자주 잊고, 여전히 세상의 기준으로 자신을 판단하곤 합니다. 내가 하나님의 자녀라는 사실을 망각할 때 믿음은 흔들리고, 세상의 유혹에 쉽게 넘어지게 됩니다.

성도가 자신이 누구인지를 잊으면, 하나님께 무엇을 구해야 하는지도, 어느 길이 믿음의 길인지도 알 수 없습니다. 따라서 믿음이 자라려면, 먼저 '하나님께 사랑받는 자녀'라는 정체성이 성도의 심령 가운데 깊게 뿌리를 내려야 합니다.

정체성을 늘 기억하면서 살아갈 때, 성도는 세상이 주는 거짓된 이미지 대신 하나님의 시각으로 자기 자신을 바라볼 수 있습니다. 정체성 안에 머무를 때, 꾸준히 믿음의 길을 걸어갈 수 있습니다. '믿음의 유혹 앞에 설 때마다, 내가 하나님의 자녀라는 성경의 가르침을 붙드는 것!' 이것이 신자가 믿음을 지키는 강력한 영적 방어입니다. "영접하는 자 곧 그 이름을 믿는 자들에게는 하나님의 자녀가 되는 권세를 주셨으니"(요 1:12).

'나는 하나님께 사랑받는 자녀이다.' 이 정체성을 잊지 않기 위해서 평소에
어떻게 하고 계십니까?
　① 혼자 있는 자리에서 하루에 한 번 '내가 하나님께 사랑받는 자녀인 것'을
　　 소리 내서 말한다.
　② 하루를 시작할 때 거울을 보면서 나 자신을 축복하는 말을 한다.
　③ 성경에서 '하나님의 자녀'가 나오는 말씀을 찾아서 내 이름을 넣어서
　　 읽는다.
　④ 매일 밤 자기 전에 '오늘 나를 사랑하신 하나님의 흔적'을 떠올린다.
　⑤ 믿음이 흔들릴 때마다 '내가 누구인지'를 묻고, 요한복음 1장 12절을
　　 암송한다.
　⑥ '하나님의 사랑'을 떠올리게 하는 찬양을 부르면서 그 가사를 마음에
　　 새긴다.

2. 하나님 말씀에 대한 불신(Distrust)

하나님 말씀에 대한 불신도 믿음의 유혹입니다. 믿음은 하나님의 말씀을 듣는 데서 시작되며, 그 말씀을 신뢰하는 데서 자랍니다. 따라서 말씀에 대한 신뢰가 흔들리면, 믿음이 뿌리를 내리지 못하고 흔들릴 수밖에 없습니다. 사탄은 에덴동산에서 하와에게 하나님의 말씀을 의심하도록 꾀면서 죄의 길로 이끌었습니다. 오늘날에도 성도에게 말씀이 진리라는 확신을 흔드는 유혹이 끊임없이 찾아옵니다.

하나님 말씀이 내 삶에 실제로 적용되지 않는 이유 중 하나는 '그 말씀이 참되다는 믿음'이 약하기 때문입니다. 말씀을 머리로만 알기 때문입니다. 말씀을 마음으로까지 신뢰하지 않기에 믿음이 자라지 못합니다. 말씀에 대한 불신은 하나님과의 관계를 멀어지게 하면서, 성도의 삶의 방향도 모호해지도록 만듭니다. '말씀을 잊고 살면, 세상의 거짓 기준이 성도의 마음을 점령하게 되는 것!' 이것은 어쩔 수 없는 사실입니다.

믿음이 성장하기 위해서는 하나님 말씀을 붙잡으면서, 그 말씀을 순종으로 연결해야 합니다. "너희는 말씀을 행하는 자가 되고 듣기만 하여 자신을 속이는 자가 되지 말라"(약 1:22). 하나님을 믿는다는 고백은 '그분의 말씀도 참되고 선하다고 믿는 고백'과 동일합니다.

다음 중 '성경 말씀이 진리인 것을 느꼈던 순간'에 가까운 것은 무엇인가요?

① 힘들고 지칠 때, 말씀 한 구절이 꼭 나를 위해서 쓰여진 편지처럼 위로가 되었을 때

② 누군가를 용서해야 하는 상황에서 말씀에 순종했더니, 마음이 가벼워졌을 때

③ 걱정되는 일이 있었는데, 말씀을 붙잡고 기도했더니 놀랍게 해결되었을 때

④ 성경 속 인물의 이야기가 내 상황과 너무 비슷해서 놀랐을 때

⑤ 예배 중 선포되는 설교를 듣고, 속이 뻥 뚫리는 듯한 느낌을 받았을 때

⑥ 처음에는 믿기 어려웠는데, 시간이 지나면서 말씀대로 삶이 바뀌는 것을 경험했을 때

3. 하나님의 인도하심에 대한 감사의 결여(Lack of Gratitude)

하나님의 인도하심에 대한 감사의 결여가 믿음의 유혹입니다. 믿음은 하나님의 인도하심을 신뢰하고 감사하는 데서 자랍니다. 따라서 하나님의 인도하심을 잊어버리면서 감사의 끈을 놓으면, 믿음은 점점 메말라갈 수밖에 없습니다. 감사를 잃어버린 마음은 하나님을 의심하는 마음으로 이어지기 쉽습니다. 출애굽한 이스라엘 백성들은 매 순간 하나님의 인도를 받았지만 감사하지 않았고, 믿음이 메말라져 갔습니다.

감사의 결여는 '하나님의 인도하심에 대한 무시'를 낳습니다. 믿음이 자라지 않는 이유 중 하나는 '이미 받은 은혜'를 돌아보지 않기 때문입니다. 감사는 믿음의 눈을 열어 과거의 은혜를 기억하게 하고, 현재의 삶을 해석하는 기준이 됩니다. 하나님의 인도하심을 헤아리면서 감사의 고백을 올려 드릴 때, 더 큰 감사의 길이 열리게 됩니다.

성도는 감사의 망각이 나를 향한 하나님의 계획을 흐려놓음을 알아야 합니다. 믿음은 나를 여기까지 인도하신 하나님을 기억하면서 감사를 올려드리는 데서 자라갑니다. "내 영혼아 여호와를 송축하며 그의 모든 은택을 잊지 말지어다"(시 103:2).

하나님의 인도하심이었지만, 너무 익숙해서 그냥 지나쳤던 것에 무엇이 있을까요?
① 하루를 무사히 보내고 따뜻한 이불 속에 누웠을 때
② 마음이 복잡했는데, 누군가 나에게 먼저 연락해준 순간
③ 나의 기도 제목대로 묵묵히 응답하시면서 나를 이끌어 가시는 하나님의 은혜
④ 길이 꽉 막힌 줄 알았는데, 생각지 못한 방향으로 길이 열린 것
⑤ 오늘도 예배드릴 수 있는 성전과 믿음의 공동체가 있다는 것
⑥ 일이 힘들었는데 생각보다 많이 지치지 않았고, 마지막 시간까지 넉넉하게 감당하고 있는 나 자신

4. 남아 있는 죄에 대한 욕망(Residual Desire)

남아 있는 죄에 대한 욕망이 믿음의 유혹입니다. 믿음은 죄에서 돌아서는 결단과 함께 자라납니다. 죄에 대한 욕망은 성도로 하여금 과거의 삶으로 다시 돌아가고 싶은 마음을 품게 만듭니다. 마음 한편에 '이 정도는 괜찮아!' 이

런 생각이 마음에 머물러 있으면, 믿음은 자랄 수가 없습니다. 죄를 완전히 끊지 않으면, 신앙은 항상 갈등과 타협 속에 머물게 될 수밖에 없습니다.

믿음이 자라지 않는 또 하나의 이유는 죄를 은근히 즐기기 때문입니다. 이스라엘 백성이 애굽에서 먹었던 고기를 그리워했듯이, 우리는 종종 과거의 죄의 삶을 그리워하고 미화할 때가 있습니다. 성도는 이렇게 하는 것이 신앙의 커다란 장애물이 됨을 알아야 합니다. 하나님은 죄에서 완전히 돌이킬 때, 비로소 성도를 믿음의 다음 단계로 이끌어 가십니다. "…모든 무거운 것과 얽매이기 쉬운 죄를 벗어 버리고 인내로서 우리 앞에 당한 경주를 하며"(히 12:1하).

끊었다고 생각했지만, 여전히 마음 한편에 미련처럼 남아 있는 죄의 모습에 무엇이 있을까요?

① 습관처럼 하던 말이나 행동 - 나도 모르게 튀어나오는 비판과 짜증과 거짓말 등
② 혼자 있을 때 다시 빠져드는 유혹 - 음란물 시청 등
③ 사람을 향한 미움이나 용서하지 못하는 마음 - 오래된 상처와 앙금
④ 편안함을 탐닉하면서 하나님보다 나의 만족을 먼저 구하는 태도 - 게으름과 중독 등
⑤ 겉으로는 괜찮은 척 하지만, 속으로는 비교하고 시기하는 마음
⑥ 내가 늘 옳다고 생각하며, 말씀보다 내 기준을 더 신뢰하는 태도

5. 하나님보다 사람을 더 의식하는 태도(More Conscious Attitude)

하나님보다 사람을 더 의식하는 태도가 믿음의 유혹입니다. 하나님에게서 시선을 떼서 사람에게 시선을 두면 믿음은 멈춰 설 수밖에 없습니다. 하나님보다 사람의 평가를 더 중요하게 여기는 것은 성도에게 합당한 삶의 태도가

아닙니다. 하나님보다 사람을 더 의식하는 태도는 믿음의 중심을 흔들어 놓습니다. 성도는 하나님을 먼저 의식하면서 살아가는 것이 참된 믿음의 출발이 됨을 잊지 않아야 합니다.

예수님의 공생애 당시 많은 유대교인들도 사람들의 눈을 의식하면서 예수님을 부인했습니다. 그들처럼 하나님보다 사람을 더 의식하면, 진리 앞에서 불의와 타협하면서 거짓된 선택을 하게 됩니다. 믿음이 자라지 않는 이유 중 하나에 하나님을 기쁘시게 하기보다 사람에게 인정받고 싶은 마음이 자리하고 있습니다.

사람의 눈을 의식하는 태도는 하나님의 인도하심을 가리는 신앙의 장애물입니다. 믿음은 하나님을 경외하고 높이는 데서 시작되며, 사람이 아니라 하나님께 시선을 둘 때 깊어집니다. "22 …사람을 기쁘게 하는 자와 같이 눈가림만 하지 말고 오직 주를 두려워하여 성실한 마음으로 하라 23 무슨 일을 하든지 마음을 다하여 주께 하듯 하고 사람에게 하듯 하지 말라"(골 3:22 하-23).

하나님께 받는 인정과 사람에게 받는 인정 사이에서 갈등한 적이 있습니까?

① 교회에서 봉사할 때, 하나님보다 사람들의 시선과 칭찬이 더 신경 쓰였던 순간

② 직장에서 신앙인이라는 나의 정체성을 드러내는 것이 부담스럽게 느껴졌던 순간

③ 정직하게 행동하면 손해 볼 것 같아서, 하나님의 뜻을 알지만 망설였던 순간

④ 하나님의 뜻을 따르고 싶었지만, 상사의 눈치 때문에 행동을 주저했던 순간

⑤ 예배 중 진심으로 찬양하고 싶었지만, 옆 사람 시선이 신경 쓰였던 순간

6. 세상적인 성공에 대한 지나친 집착(Excessive Attachment)

세상적인 성공에 대한 지나친 집착이 믿음의 유혹입니다. 하나님께 깊이 마음을 둘 때 믿음이 자라지만, 세상적인 성공에 집착하면 믿음은 정체됩니다. 세상은 '높아지는 것'을 성공이라 여기지만, 하나님은 '낮아져서 섬기는 것'을 크다 하십니다. 따라서 세상적인 성공을 추구하는 마음이 강할수록, 하나님의 뜻에 순종하려는 마음은 약해질 수밖에 없습니다.

믿음이 자라지 못하는 이유 중 하나는 세상의 성공을 신앙의 목표로 착각하기 때문입니다. 이 착각이 성도를 잘못된 방법론으로 이끌어 갑니다. 하나님은 성도가 성취를 통해서 인정받는 것을 중요하게 여기지 않으시고, 믿음 안에서 자라가는 것을 귀하게 여기십니다. 세상의 성공은 잠시 빛날 뿐 영원한 가치가 될 수 없습니다.

성공을 우선시하면 믿음은 정체되고, 세상과 타협하면서 살아가게 됩니다. 이 점을 유념하면서 성도는 세상의 성공보다 '하나님께 인정받는 것'을 더욱 귀하게 여겨야 합니다. 하나님을 기쁘시게 하는 삶이야말로 참된 성공이며, 영원히 사라지지 않는 가치입니다. "너희는 먼저 그의 나라와 그의 의를 구하라 그리하면 이 모든 것을 너희에게 더하시리라"(마 6:33).

함께 나누어요 ❻

지금 나눈 내용의 핵심에 가까운 것은 무엇인가요?
① 성취하는 게 많아지면 믿음도 더불어서 자동으로 자란다.
② 하나님의 인정을 더 귀하게 여길 때 믿음이 자란다.

7. 비교의식과 열등감(Sense of Comparison and Inferiority)

비교의식과 열등감도 믿음의 유혹입니다. 하나님은 우리 각 사람을 고유한 방식으로 부르시고 사용하시는 분입니다. 이 사실을 망각한 채 성도의 마음에 비교의식이 자리하게 되면, 하나님의 부르심의 의미가 흐려집니다. 비교의식은 시선을 하나님이 아니라 사람에게 두는 데서 시작되며, 믿음을 자라지 못하게 만드는 결정적인 장애물입니다. 비교의식에 사로잡히면, 하나님의 계획보다 내가 이루어내는 결과에만 집착하게 됩니다. 결국 비교의식은 교만으로 흐르거나, 반대로 자책과 포기로 이어지는 '양극단의 유혹'을 동반합니다.

열등감도 하나님께 받은 은혜를 가리며, 나 자신을 작고 쓸모없게 느끼게 만듭니다. 열등감은 '나는 안 돼'라는 거짓된 생각을 내 안에 심어놓습니다. 신앙인들은 하나님께서 우리의 약함 속에서도 일하시며, 연약한 자를 들어 당신의 일을 이루시는 분이신 것을 기억해야 합니다. '내가 나를 어떻게 보느냐'보다, '나를 부르신 하나님께서 나를 어떻게 보시는가' 하는 것이 더 중요합니다. 그렇기 때문에 '내가 누구와 비교했을 때 무엇을 잘하는가가 아니라, 하나님이 나를 어떻게 빚어 가시는가를 눈여겨보는 것!' 성도에게 이 안목이 필요합니다.

믿음은 하나님 앞에서 '나답게 정직하게 서는 것'에서 자라납니다. "우리는 그의 만드신 바라 그리스도 예수 안에서 선한 일을 위하여 지으심을 받은 자니…"(엡 2:10).

최근에 나도 모르게 누군가와 나 자신을 비교했던 순간이 있었습니까?

① 신앙생활 - 저 사람처럼 기도나 말씀 생활을 꾸준히 못 하는 나 자신이
   초라해 보일 때

② 외모와 스타일 - 모임에서 남들과 나를 비교하면서 위축되었을 때

③ 직장에서의 업무 성과 - 다른 사람들은 성과를 내면서 앞서 나가는것
   같은데, 나만 제자리인 것 같다는 생각이 들어갈 때

④ 경제적인 여유 - 다른 사람의 집과 차와 여행과 소비 패턴을 보면서
   '나는 왜 이럴까!' 자괴감이 들 때

⑤ 가정과 자녀 - 다른 집 자녀나 부부의 모습과 비교하면서 내가 처한
   상황을 보면서 낙심이 될 때

⑥ 사역이나 재능 - 무엇 하나 잘하는 게 없다고 느낄 때

유혹을 물리치는 것이 하나님과의 관계에 어떤 변화를 가져올까요?

지금까지 "믿음의 유혹"이라는 주제로 성경 공부를 하였습니다. 성경 공부를 통해서 깨달은 점이나 마음에 남은 은혜나 새롭게 얻은 통찰을 간단하게 적어 보시기 바랍니다. 이 기록이 앞으로 하나님과 함께 걸어갈 믿음의 여정을 새롭게 준비하는 소중한 흔적이 될 것입니다.

예시

믿음의 가장 큰 시험이 외부의 어려움이 아니라, 내 마음속에서 일어나는 미묘한 유혹이라는 것을 깨달았습니다. 비교와 불신, 욕심과 사람 의식 같은 작은 틈들이 믿음을 약하게 만든다는 사실이 마음에 깊이 남았습니다. 그러나 그 모든 순간에 시선을 하나님께 돌릴 때, 주님께서 나의 흔들림을 붙들어 주신다는 확신이 생겼습니다. 유혹이 올 때마다 낙심하거나 숨지 않고, 그 순간을 믿음을 연단하는 기회로 삼으며 주님께 더 가까이 나아가고 싶습니다.

성경 공부를 통해서 얻은 통찰 메모하기

믿음의 가치

8과. 믿음의 가치

1. 하나님께 인정받음의 가치

2. 하나님과의 관계 회복의 가치

3. 하나님의 인도하심의 가치

4. 영적 성장과 성숙의 가치

5. 자유함과 평안의 가치

6. 시험과 고난을 이기는 가치

7. 삶의 목적과 방향을 회복하는 가치

8과. 믿음의 가치

학습 포인트

1. 믿음이 삶의 위기에서 나의 삶이 흔들리지 않게끔 중심을 세우는 힘인 것을 배운다.
2. 믿음에 있어서 외적 조건보다 하나님 앞에서 진실한 태도가 중요함을 알게 한다.
3. 믿음이 하나님과의 관계를 회복시키며, 삶의 방향을 새롭게 함을 깨닫게 한다.
4. 믿음이 일상에서 나를 성장으로 이끌고, 분별력과 성숙함을 갖추도록 이끌어가는 가치인 것을 알게 한다.

흔들리는 순간에도 성도의 중심을 붙들고, 내면에 믿음의 기둥을 세워가는 것이 믿음의 참된 가치입니다. 믿음은 우리에게 내가 하나님께 인정받는 자녀인 것을 확인시켜 줍니다. 또한 믿음은 말씀과 성령의 인도하심에 걸음을 맞추게 하여서, 작은 순종 속에서 성장과 성숙을 낳도록 이끕니다. 결정적으로 믿음의 가치는 우리의 평범한 하루를 하나님의 영광을 드러내는 의미 있는 삶으로 바꾸는 데에 있습니다. "오직 그만이 나의 반석이시요 나의 구원이시요 나의 요새시니 내가 크게 흔들리지 아니하리로다"(시 62:2).

[들어가면서]

나는 인생에서 정말 중요한 것을 붙잡고 있는가? 이 질문 앞에서 우리는 흔히 돈, 성공, 인정받음 같은 외적인 것들을 떠올립니다. 그런데 막상 인생에서 큰 고비를 지나고 나면, 소중한 것이 따로 있다는 것을 알게 됩니다. 누군가는 고난을 겪는 중에 '평안'이 가장 중요하다고 얘기하고, 누군가는 삶이 무너졌을 때 '방향을 잃지 않은 것'이 감사하다고 얘기합니다.

맞는 말이지만, 삶에서 가장 가치 있는 것은 흔들리는 순간에도 나를 붙잡아 주는 내면의 힘이 아닐까 하는 생각을 하게 됩니다. 신자에게 근본적인 내면의 힘이 믿음입니다. 믿음은 우리의 삶을 근본부터 지탱해주는 든든한 기둥과 같습니다. 믿음이 있는 사람은 눈에 보이는 결과보다 하나님 안에서 흔들리지 않는 마음의 중심을 더 소중히 여깁니다. 이런 중심이 있을 때 우리는 상황에 휘둘리지 않고, 신앙 여정의 목적지를 향해서 흔들림 없이 나아갈 수 있습니다. '수익보다 의미, 성공보다 방향을 추구하게 만드는 힘!' 이것이 믿음의 가치입니다.

1. 하나님께 인정받음의 가치(to Be acknowledged by God)

믿음은 하나님께 인정받음의 가치를 지닙니다. 하나님은 외적인 조건이 아니라 마음의 중심을 보시는 분이십니다. 세상은 외모나 능력에 주목하지만, 하나님은 진실된 믿음에 주목하십니다. 행위로는 하나님께 인정을 받을 수 없지만, 믿음으로는 하나님께 의롭다고 인정을 받을 수 있습니다. 하나님은 하나님의 말씀을 신뢰한 아브라함의 믿음을 보시면서 '의롭다'고 인정해 주셨습니다. "아브람이 여호와를 믿으니 여호와께서 이를 그의 의로 여기시고"(창 15:6).

하나님께 인정받는 믿음은 말씀에 반응하는 순수한 신뢰에서 시작됩니다. 또한 하나님께 인정받는 믿음은 하나님을 신뢰하면서 살아가는 삶의 태도를 낳습니다. 나아가서 삶 속에서 하나님의 뜻에 순종하려는 결단으로까지 이어집니다.

하나님은 독생자 예수 그리스도를 마음으로 영접하는 자를 당신의 자녀로 인정해 주십니다. 이때 믿음은 하나님 앞에서 죄인이었던 우리를 하나님의 자녀로 바꾸는 전환점이 됩니다. 하나님께 인정받은 사람은 영원한 생명을 선물로 얻습니다. 성도는 자신이 하나님께 인정받은 믿음의 사람이라는 정체성을 항상 기억하면서 살아가는 사람입니다.

'하나님은 외적인 조건보다 마음의 중심을 보신다.' 이 말이 나에게 어떤 위로를 주나요?

① 겉모습이나 능력보다 내 진심을 알아주시는 분이 계신다는 것에 감사하다.
② 사람들 눈치를 안 봐도 된다는 것이 나의 마음을 편하게 해준다.
③ 하나님께 마음의 중심을 두고 살아가라는 말씀 같아서 도전이 된다.
④ 완벽하지 않아도 괜찮다는 말씀처럼 들려서 눈물이 난다.
⑤ 세상의 평가 때문에 많이 지쳤는데, 하나님이 진실한 마음을 더 소중히 여기신다니 위로가 된다.
⑥ 요즘 자존감이 많이 떨어졌는데, 하나님이 나의 중심을 보신다니 힘이 생긴다.

2. 하나님과의 관계 회복의 가치(Reconciliation)

믿음은 하나님과의 관계 회복의 가치를 지닙니다. 죄로 인해 끊어진 하나님과의 관계는 믿음을 통해서만이 다시 연결될 수 있습니다. 이 점에서 볼 때 믿음은 하나님께 돌아가는 첫걸음이자, 회복의 시작입니다. 믿음은 하나님과의 관계 단절을 끝내고, 다시금 친밀한 교제의 문을 여는 출발점입니다. 믿음이 하나님으로부터 멀어진 마음을 다시금 그분께로 향하도록 만듭니다. 하나님은 당신을 믿는 자를 외면하지 않으시고, 사랑으로 다시 품어주십니다.

믿음으로 하나님과 관계가 회복된 성도는 하나님과 함께 걷는 인생을 기꺼이 살아갑니다. 이렇게 회복된 관계 안에서 성도는 하나님의 인도하심을 날마다 경험하게 됩니다. 하나님과 동행하는 중에 그 심령을 평안과 소망으로 채워냅니다. 믿음은 성도를 하나님 품 안에서 영원히 안전하게 머물게 하는 가장 귀한 선물입니다. "내가 여호와인 줄 아는 마음을 그들에게 주어서 그들이 전심으로 내게 돌아오게 하리니 그들은 내 백성이 되겠고 나는 그들의 하나님이 되리라"(예레미야 24:7).

'믿음은 하나님께 돌아가는 첫걸음이다.' 이 말이 어떤 의미로 다가오시나요?

① 나 같은 사람도 하나님께 돌아갈 수 있다는 희망을 갖는다.

② 하나님께 돌아가는 길이 나에게도 열려 있다는 확신이 든다.

③ 하나님께 가는 길이 생각보다 어렵지 않다는 말로 들려서 위로가 된다.

④ 지금이라도 믿음 생활을 새롭게 시작할 수 있다는 말 같아서 용기를 얻는다.

⑤ 작은 믿음이라도 하나님께서 기쁘게 받으신다는 말로 들려서 마음이 놓인다.

⑥ 하나님이 나를 기다리고 계신다는 말처럼 들려서 마음이 따뜻해진다.

3. 하나님의 인도하심의 가치(God's Guidance)

믿음은 하나님의 인도하심의 가치를 지닙니다. 믿음은 하나님을 신뢰하며, 그분의 뜻을 따라서 살아가겠다는 마음의 결단입니다. 하나님께서 이러한 믿음을 귀하게 여기시고, 그의 삶을 친히 인도하십니다. 성경은 "너는 범사에 그를 인정하라 그리하면 네 길을 지도하시리라"(잠언 3:6)고 선언하면서, 믿는 자의 삶에 하나님의 인도하심이 반드시 따름을 약속합니다.

종종 하나님의 인도하심이 예상하지 못한 길로 우리를 이끌 때도 있지만, 결국에 그 길은 우리에게 유익한 길이 됩니다. 이때 성도에게 믿음은 그 길의 끝을 알지 못해도, 한 걸음씩 순종하며 나아가게 하는 힘이 됩니다. 믿음으로 인해서 성도는 그 길을 걸어가는 중에 두려움이 아니라 평안을, 불확실함이 아니라 확신을 체험할 수 있습니다.

믿음의 사람은 '상황을 보면서'가 아니라 '하나님의 말씀에 귀를 기울이면서' 주어진 여정을 걸어가는 사람입니다. 그 여정이 험하고 어두운 것처럼 보이는 순간에도, 믿음이 성도에게 하나님의 인도하심을 따라 걸어가게 하는 밝은 등불이 되어 줍니다. 이유는 하나님께서 믿음을 따라서 걸어가는 자를 가장 선한 길로 인도하시는 분이시기에 그렇습니다. 성도는 하나님의 인도하심을 신뢰하면서 하루하루를 감사의 고백으로 채워가는 사람입니다.

하나님의 인도하심이 더디게 느껴졌던 적이 있습니까? 그때 어떤 마음이 들었습니까?
① "하나님이 나를 잊으신 게 아닐까?" 불안한 마음이 들었다.
② 내가 무언가를 잘못하고 있는 것은 아닌가를 돌아봤다.
③ 기다리는 시간이 너무 힘들어서 포기하고 싶은 생각이 들었다.
④ 하나님께 더 매달리게 되었고, 평소보다 기도가 더 깊어졌던 것 같다.
⑤ 그 순간에 이상하게도 평안이 찾아왔다.
⑥ '하나님의 때는 완전하다'는 말씀을 붙들면서 조용히 기다리기로
　마음먹었다.

4. 영적 성장과 성숙의 가치(Spiritual Growth)

믿음은 영적 성장과 성숙의 가치를 지닙니다. 믿음은 자라나는 생명처럼 점점 성장해 가는 성격을 지닙니다. 하나님은 우리 안에 심어진 작은 믿음의 씨앗을 귀하게 보시고, 그 믿음을 자라게 하시는 분입니다. "너희 안에서 착한 일을 시작하신 이가 그리스도 예수의 날까지 이루실 줄을 우리는 확신하노라"(빌 1:6).

믿음의 성장은 하루아침에 완성되지 않고, 일상의 작은 순종 속에서 서서히 이루어집니다. 때로는 기쁨 속에서, 때로는 눈물 속에서 하나님을 더 깊이 알아가며 믿음이 깊이 뿌리를 내립니다. 이렇게 자라난 믿음은 흔들림 없는 기초가 되어서, 성도로 하여금 앞으로의 모든 여정을 넉넉하게 걸어가도록 이끕니다.

믿음이 자라면서 하나님과의 관계도 깊어지고, 영적인 분별력도 자라납니다. 또한 믿음이 자라는 만큼 하나님을 바로 알게 되고, 이 올바른 하나님 지식으로 인해서 그분을 더 신뢰하게 됩니다. 때로는 어려움과 연단을 거치면서 성도의 믿음이 성장하고 성숙해질 때도 있습니다. 하나님은 모든 상황 속에서 성도의 삶 가운데 함께 하시면서 그의 믿음을 단련시키시고, 인격적으로 성숙하게 자라가게 만드시는 분입니다. 믿음의 성장과 성숙은 성도의 삶 전체를 이끌어가시는 하나님의 놀라운 역사의 결과입니다.

하나님께서 나의 믿음을 단련시키셨던 사건이나 시기가 있었나요?

① 예상치 못한 사고 앞에서 하나님을 꼭 붙잡는 시간을 보낸 적이 있다.

② 중요한 결정 앞에서 기도하면서 하나님의 뜻을 구하는 법을 배웠다.

③ 사람에게 실망하고 낙심했지만, 그때 하나님이 나의 위로가 되심을 깊이 깨달았다.

④ 물질적으로 어려움을 겪었을 때 하나님이 나의 필요를 채우시는 분임을 경험했다.

⑤ 오랫동안 기도했지만 응답이 늦어지면서, 기다림의 훈련을 받았다.

⑥ 뚜렷한 결과가 없어도 순종하며 걸을 때 믿음이 자란다는 것을 배웠다.

5. 자유함과 평안의 가치(Freedom and Peace)

믿음은 자유함과 평안의 가치를 지닙니다. 믿음은 성도를 죄와 두려움과 염려로부터 자유롭게 합니다. 믿음이 마음을 불안하게 만드는 생각들에서 벗어나도록 성도를 이끌어가기 때문입니다. 예수님을 믿는다는 것은 참된 자유함을 누린다는 뜻입니다. 하나님께서 믿는 자에게 참된 평안과 자유를 선물로 주셨습니다. 하나님 안에서 누리는 자유와 평안은 성도에게 흔들리지 않는 깊은 쉼과 같습니다.

이 자유와 평안은 세상이 줄 수 없는 것으로서, 오직 하나님을 신뢰하는 믿음 속에서만 누릴 수 있습니다. 세상은 끊임없이 불안과 비교의식과 두려움을 주지만, 믿음은 우리의 마음을 하나님께 고정시키면서 흔들리지 않게 합니다. 따라서 믿음으로 사는 사람은 상황이 어렵더라도 감사할 이유를 발견하고, 소망을 잃지 않습니다. 믿음이 주는 자유와 평안으로 인해서, 성도는 하나님 나라의 기쁨을 오늘 이 땅에서 '미리' 그리고 '자주' 맛볼 수 있습니다. "진리를 알지니 진리가 너희를 자유롭게 하리라"(요 8:32).

다음 중 '믿음이 주는 자유함의 의미'에서 거리가 먼 것은 무엇인가요?
　① 죄와 두려움에서 벗어나는 것
　② 환경과 상황에 전혀 영향을 받지 않는 완전한 무감각
　③ 불안과 염려를 내려놓는 의연함
　④ 비교의식에서 벗어나는 것
　⑤ 하나님 안에서 깊은 쉼을 누리는 것
　⑥ 감사와 소망을 잃지 않는 것

6. 시험과 고난을 이기는 가치(to Overcome Trials and Sufferings)

믿음은 시험과 고난을 이기는 가치를 지닙니다. 믿음은 고난을 없애 주는 것이 아니라, 성도로 하여금 믿음의 안목을 가지고 고난을 바라보게 만듭니

다. 믿음의 안목은 현실의 어려움 너머에 계신 하나님을 신뢰하게 만듭니다. 따라서 성도는 고난 중에 하나님께서 이루실 선한 뜻을 기대하면서 기다립니다. 어려움이 계속되어도 하나님의 약속을 견고하게 붙잡기에, 그 고난이 오히려 믿음을 단련시키는 기회가 됩니다.

그러므로 성도는 고난 앞에서 절망을 버리고 소망을 움켜잡아야 합니다. 고난이 깊을수록 하나님의 은혜는 더 선명하게 드러나며, 그 은혜가 우리의 믿음을 더욱 견고하게 세우기 때문입니다. 결국 시험과 고난은 성도를 무너뜨리는 벽이 아니라, 하나님께 더 가까이 가게 하는 다리인 셈입니다. 이 믿음의 길을 걸어가는 내내, 성도는 하나님의 선하심을 찬양하게 됩니다. "이는 너희 믿음의 시련이 인내를 만들어 내는 줄 너희가 앎이라"(약 1:3).

함께 나누어요 ❻

고난 중에 '왜 나에게 이런 일이 생겼을까'라는 생각이 들어갔을 때, 믿음이 어떤 역할을 했나요?

① 처음에는 많이 속상했지만, 결국 하나님이 나를 떠나지 않으신다는 것을 신뢰하도록 만들었다.

② 이해가 가지 않아서 하나님께 기도하면서 여쭤보게 되었다.

③ 마음이 무너졌지만, 말씀을 통해서 다시 일어설 힘을 얻었다.

④ 내 생각을 내려놓고 하나님의 뜻이 무엇인지를 기다려 보기로 했다.

⑤ 하나님께 솔직하게 속상한 마음을 털어놓을 수 있게 되었다.

⑥ 하나님이 나와 함께하신다는 사실을 꼭 붙잡도록 만들었다.

7. 삶의 목적과 방향을 회복하는 가치(to Restore)

믿음은 삶의 목적과 방향을 회복하는 가치를 지닙니다. 믿음은 삶의 의미를 상실한 사람에게 새로운 방향을 제시합니다. 하나님을 믿으면서 '내가 왜 살아야 하는지'를 명확하게 알게 됩니다. 믿음이 없을 때는 눈앞의 현실에만 주목하면서 발을 동동거리지만, 믿음이 생기면 보이지 않는 하나님의 손길을 신뢰하며 경거망동하지 않습니다. 이런 점에서 볼 때 믿음은 삶의 중심을 '나 자신에서 하나님으로' 바뀌게 만드는 놀라운 힘입니다.

믿음을 통해서 성도는 하나님의 부르심의 목적을 발견하게 됩니다. 믿음은 삶을 허무에서 건져내서, 영원한 가치에 눈뜨게 합니다. 나를 부르신 하나님의 목적이 무엇인지를 발견했기에 자신의 삶을 하나님의 뜻에 맞추면서 살아갑니다. 그 길이 때로는 좁고 험해 보여도, 믿음이 끝까지 그 부르심을 따라가도록 성도에게 힘을 줍니다. 믿음이 성도를 하나님이 예비하신 사명과 영원한 상급을 향해서 흔들림 없이 걸어가게 만드는 동력이 됩니다. "너는 범사에 그를 인정하라 그리하면 네 길을 지도하시리라"(잠 3:6).

함께 나누어요 ❼

요즘 하나님께서 나에게 보여주시는 '분명한 길'이 있다고 느끼시나요? 아니면 아직 찾는 중인가요?

① 하나님의 인도하심이 나의 마음에 확신처럼 자리 잡고 있다.

② 아직 분명하진 않지만, 방향의 윤곽이 조금씩 보이기 시작했다.

③ 아직 손에 잡히는 것은 없지만, 하루하루 순종하며 걸어가고 있다.

④ 아직도 마음이 복잡하다. 기도가 더 필요한 것 같다.

⑤ 여전히 하나님의 뜻을 찾는 중이다. 시간이 조금 걸릴 것 같다.

⑥ 여러 상황이 겹쳐서 혼란스럽지만, 하나님이 가장 좋은 길로 인도하실 것을 믿는다.

함께 나누어요 ❽

믿음이 '보이지 않는 손'처럼 나를 붙잡아 주었다고 느낀 순간이 있었나요?

지금까지 "믿음의 가치"라는 주제로 성경 공부를 하였습니다. 성경 공부를 통해서 깨달은 점이나 마음에 남은 은혜나 새롭게 얻은 통찰을 간단하게 적어 보시기 바랍니다. 이 기록이 앞으로 하나님과 함께 걸어갈 믿음의 여정을 새롭게 준비하는 소중한 흔적이 될 것입니다.

예시

믿음이 나의 삶 전체를 붙들고 이끌어 가는 가장 본질적인 가치임을 배웠습니다. 특히 하나님께 인정받는 믿음, 회복을 시작하게 하는 믿음, 끝까지 방향을 잃지 않게 해 주는 믿음의 힘을 하나하나 되짚으며, 내가 정말 귀한 가치를 붙들고 있다는 확신이 들었습니다. 믿음은 하나님께서 내 안에 심어주신 가장 귀한 선물입니다. 앞으로도 믿음의 가치를 굳게 붙들면서, 중심을 잃지 않는 신앙생활을 하고 싶습니다.

믿음의
교제

9과. 믿음의 교제

1. 나의 삶을 진솔하게 나누는 것

2. 서로를 세워주는 것

3. 용납하고 용서하는 것

4. 기도로 함께 동행하는 것

5. 장점에 먼저 주목하는 태도

6. 교제의 중심을 말씀 중심에 두는 것

7. 지속적으로 신뢰를 세워가는 것

9과. 믿음의 교제

1. 믿음의 교제가 듣고 공감하는 태도를 통해서 깊어짐을 깨닫게 한다.
2. 나의 진심 어린 격려의 말이 다른 이의 믿음을 세움을 알게 한다.
3. 용납과 용서를 통해서 공동체가 회복됨을 배운다.
4. 신앙생활에 있어서 말씀을 중심에 둔 교제가 중요함을 깨닫도록 한다.

교회 소그룹에서의 믿음의 교제의 출발점은 진솔한 나눔에 있으며, 그 초점은 '나의 자랑'이 아니라 '하나님이 하신 일'에 맞춰집니다. 예리한 판단 대신에 경청과 격려로 서로를 세우고, 다름을 용납과 용서로 품으면서 관계의 온도를 높입니다. 말씀 중심의 대화와 중보기도가 모임의 방향을 붙들고, 한 주의 삶의 적용으로 이어집니다. 소그룹에서 이루어진 작은 약속을 지키고 비밀을 보장하는 일상의 습관들이 신뢰를 자라게 하여서 공동체를 따뜻하고 견고하게 만듭니다. 깊은 믿음의 교제는 소그룹의 지체들을 살리고 교회를 성숙하게 하면서, 하나님께 영광을 돌리는 공동체로 나아가게 합니다.

[들어가면서]

신앙생활을 하던 중에 갑자기 힘이 빠지는 순간들이 찾아올 때가 있습니다. 그럴 때 옆에서 '같이 기도해요'라는 말 한마디가 얼마나 큰 힘이 되는지 모릅니다. 어떤 날은 누군가가 보내준 짧은 문자나 안부 인사 하나에 하루 종일 마음이 든든해지기도 합니다. 믿음의 길은 '혼자 걷는 길'이라기보다는, '함께 걸어가면서' 더 견고해지는 길입니다.

서로의 삶을 나누는 것이 때로는 웃음이 되기도 하고, 때로는 눈물이 되기도 합니다. 그런데 그 웃음과 눈물이 모두 하나님 안에서 모이면, 그 자체로 하나님의 은혜를 드러내는 장면이 됩니다. 믿음의 교제는 서로의 짐을 함께 지고, 서로의 기쁨을 함께 나누는 동행입니다. 누군가의 기도가 나를 지탱하고, 나의 기도가 누군가를 세우는 순간, 우리는 하나님의 마음에 조금 더 가까이 다가설 수 있습니다. 믿음의 교제는 단순한 친목이 아니라, 하나님께서 믿음으로 맺어주신 깊은 영적 공동체입니다.

1. 나의 삶을 진솔하게 나누는 것(to Share Honestly)

깊은 믿음의 교제가 이루어지기 위해서는 소그룹 모임에서 내면의 진심까지를 솔직하게 드러내는 삶의 나눔이 필요합니다. 건강한 교제는 인사만 하거나 형식적인 말만 주고받는 것에 있지 않습니다. 교회 안에서의 소모임 시, 살아 있는 교제가 이루어지려면 먼저 나의 삶을 솔직하게 나누고자 하는 마음가짐이 필요합니다. 내가 어떻게 하나님을 만나게 되었는지, 지금 어떠한 신앙 여정을 걷고 있는지를 진솔하게 나누는 것이 믿음의 교제의 시작입니다. 종종 나의 실패와 실수와 연약함을 진솔하게 나누는 가운데, 교제의 친밀감이 깊어질 때도 있습니다. 나의 삶을 꾸미지 않고 있는 그대로 나눌 때, 믿음의 교제가 생동감과 진정성을 띠게 됩니다.

진솔한 나눔의 목적은 약점을 드러내는 데 있지 않고, 그 약함 속에서 일하신 하나님을 함께 바라보도록 하는 데에 있습니다. 이야기의 초점을 '나의 실패'가 아니라 '하나님이 하신 일'에 맞출 때, 비교와 평가가 사라지고 감사와 격려가 흘러갑니다. 그 순간의 대화는 단순한 사실 나열이 아니라 '하나님이 무엇을 하셨는가'를 고백하는 간증이 됩니다.

나의 이야기 속에 하나님의 은혜를 담담히 드러낼 때, 교제는 단순히 주고받는 대화를 넘어서 구성원들 전체의 신앙 고백이 됩니다. 이러한 교제가 공동체 안에 신뢰를 세우고, 소그룹 구성원들의 마음을 하나로 묶어 줍니다. 이렇게 나의 삶을 진솔하게 나누면서 소그룹의 구성원들은 하나님 안에서 '진짜 가족'이 되어갑니다. "너희가 짐을 서로 지라 그리하여 그리스도의 법을 성취하라"(갈 6:2).

요즘 나는 교회의 소그룹에서 얼마나 솔직하게 나누고 있습니까?

① 그냥 듣는 게 편하다. 아직은 마음을 열기 어렵다.

② 기도 제목 정도는 나눌 수 있다. 하지만 깊은 이야기는 부담이 된다.

③ 가끔씩 나의 얘기를 꺼내긴 하지만, 조심스럽게 눈치 보면서 나누는 정도이다.

④ 솔직하게 말하려고 노력하는 중이다. 아직 서툴지만 한 걸음씩 나아가고 있다.

⑤ 편하게 나누고 있다. 실패담도 감사도 자연스럽게 나눈다.

⑥ 나는 소그룹에서 마음의 문을 활짝 열고 사는 사람이다.

2. 서로를 세워주는 것(to Encourage)

깊은 믿음의 교제가 이루어지려면 그 모임 안에 서로를 세워주는 격려의 분위기가 가득 들어차야 합니다. 소그룹의 목적은 단순한 들음에 있지 않고, 듣고 나서 그의 믿음을 격려하고 세워주는 데 있습니다. 소그룹 모임 시 대화를 하면서 주고받는 격려가 중요합니다. '정답을 말하고 듣는 자리'가 아니라, '서로 주고받으면서 함께 성장하는 자리'가 될 때, 건강한 소그룹이 됩니다. 누군가의 이야기를 들을 때 판단하거나 고치려고 하지 말고 그냥 들어주어야 합니다. 서로를 세워주는 교제는 조용히 들어주고 공감해 주는 데서 시작됩니다.

나의 말 한마디가 누군가의 믿음을 세울 수도 있고, 무너뜨릴 수도 있음을 알아야 합니다. 우리는 잘못을 지적하는 말은 마음을 닫게 하지만, 격려의 말은 마음을 열게 만든다는 사실을 잘 알고 있습니다. 그렇기에 말하기 전에 '나의 말이 상대의 믿음을 세우는가'를 속으로 잠깐 짚어봐야 합니다. 진심을 담은 짧은 격려와 감사가 그 사람에게 하루를 버티게 하는 힘이 되고, 이러한 말들이 쌓일 때 그 모임이 따뜻함과 신뢰가 흐르는 자리가 되기 때문입니다. "무릇 더러운 말은 너희 입 밖에도 내지 말고 오직 덕을 세우는 데 소용되는 대로 선한 말을 하여 듣는 자들에게 은혜를 끼치게 하라"(엡 4:29).

소그룹 모임에서 누군가의 말이 나에게 힘이 됐던 적이 있습니까?

① "저도 당신과 같은 고민을 가지고 있습니다!" 이 말에 혼자가 아니라는 위로를 받았다.

② "그동안 많이 애쓰셨어요." 이 말에 눈물이 핑 돌았다.

③ "당신을 위해서 기도하겠습니다. 힘내십시오!" 이 말이 그날따라 깊이 가슴에 와닿았다.

④ "하나님이 당신을 붙잡고 계십니다." 이 말을 듣고 다시 일어날 용기가 생겼다.

⑤ "그 상황에서도 믿음을 지키려 한 것이 참 귀합니다." 이 말을 듣고 큰 힘을 얻었다.

⑥ 실수해서 멋쩍었는데, '괜찮아요, 그럴 수도 있죠'라는 말이 오래토록 기억에 남아 있다.

3. 용납하고 용서하는 것(to Accept and Forgive)

깊은 믿음의 교제가 이루어지려면 서로의 다름을 있는 그대로 받아들이고, 때로는 상처를 덮어주는 용납과 용서의 마음이 필요합니다. 소그룹은 서로의 다름을 인정하는 용납의 자리입니다. 사람마다 성격과 표현 방식이 다르기에, 종종 갈등과 오해가 생길 수 있습니다. 이때 나와 생각이 다른 그 사람을 외면하는 것이 아니라, 용납하려는 태도가 필요합니다. 그 사람의 다름을 받아들이고 이해하려는 용납의 마음이 그 모임의 교제를 성숙하게 만듭니다.

소그룹 지체의 말이나 행동이 준 상처를 용서로 풀 때 회복이 시작됩니다. 용서란 감정을 억누르는 것이 아니라, 하나님의 사랑을 기억하면서 선택하는 신앙의 결단입니다. 용서는 기억을 지우는 행위가 아니라, 상처를 하나님의 위로에 맡기는 신뢰의 행동입니다. 용납과 용서가 실천되는 소그룹 안에 하나님의 사랑과 평안이 머뭅니다. 소그룹 안에서 내 마음을 불편하게 했던 그 사람을 기꺼이 품을 때, 믿음의 교제가 깊어질 수 있습니다.

서로 용납하고 용서할 줄 아는 공동체는 진정한 하나님의 가족으로 칭함 받기에 모자람이 없는 성숙한 공동체입니다. "누가 누구에게 불만이 있거든 서로 용납하여 피차 용서하되 주께서 너희를 용서하신 것 같이 너희도 그리하고"(골 3:13).

소그룹에서 실천할 수 있는 '작은 용납' 한 가지를 고른다면, 어떤 것을 고르시겠습니까?
① 말 끊지 않고 끝까지 들어주기
② 지적보다 칭찬과 격려 먼저 하기
③ 표현이 서툰 지체의 의도를 찾기
④ 나눔 중에 불편한 감정이 생길 때 속으로 잠깐 기도하기
⑤ 대화할 때 휴대폰을 내려놓고 그 사람과 눈 맞춤하기
⑥ 3초간 멈춘 후에 말하기

4. 기도로 함께 동행하는 것(to Walk Together in Prayer)

깊은 믿음의 교제가 이루어지려면 기도로 이어지는 영적인 연대가 필요합니다. 소그룹 안에서 서로를 위한 기도는 구성원들 사이에 깊은 신뢰와 사랑을 낳습니다. 기도 제목을 나누고 함께 기도할 때, 마음의 거리가 좁혀집니

다. 중보기도는 단순히 돕는 행위를 넘어서, 그 사람의 삶에 함께 동행하겠다는 신뢰의 표현입니다. 내가 기도해 준 그 사람이 힘을 얻고 일어서는 모습을 볼 때, 그 모임 안에 영적인 친밀함과 따뜻한 유대감이 생겨납니다. 함께 드리는 기도가 소그룹의 구성원들 모두를 하나님의 마음으로 묶어서 같은 방향으로 담대히 걸어가게 합니다.

기도가 서로에게 깊은 위로와 격려가 되어서 공동체를 하나로 묶어 줍니다. 이런 점에서 볼 때 중보기도는 누군가를 위한 강력한 사랑의 실천입니다. 진심을 담은 기도는 말로 다 하지 못한 고백을 대신하면서, 서로를 묶는 영적 끈이 됩니다. 함께 기도하면서, 소그룹의 구성원들은 서로의 아픔과 기쁨을 함께 나누는 진정한 믿음의 동역자로 거듭나게 됩니다. '하루 1분 축복 기도' 같은 실천부터 규칙적으로 이어 가면, 소그룹의 공기가 달라질 것입니다. "나는 너희를 위하여 기도하기를 쉬는 죄를 여호와 앞에 결단코 범하지 아니하고…"(삼상 12:23상).

소그룹에서 기도 제목을 나눌 때 바람직한 태도는 무엇입니까?

① 들은 내용을 내 마음대로 밖에 나가서 얘기하는 것

② 판단과 평가를 먼저 하고 나중에 기도하는 것

③ 비밀 보장, 비판 금지, 시간 안배의 규칙을 지키는 것

④ 기도 제목을 최대한 모호하게 말하는 것

⑤ 기도 제목을 들을 때 아무런 반응도 하지 않는 것

⑥ 다른 사람은 가만히 있고 지도자만 기도 제목을 말하는 것

5. 장점에 먼저 주목하는 태도(to Notice Strengths first)

깊은 믿음의 교제가 이루어지려면 서로 가진 장점에서 하나님의 형상을 바라보려는 영적인 민감함이 필요합니다. 우리는 본능적으로 타인의 단점과

실수를 먼저 보게 되는데, 건강한 교제는 부족함보다 장점과 강점을 먼저 발견하는 데서 시작됩니다. 그 사람의 장점에 먼저 주목하면 소그룹의 분위기가 한층 따뜻해집니다. 단점 중심의 대화는 마음의 벽을 만들지만, 장점 중심의 대화는 마음의 문을 활짝 엽니다. 장점을 먼저 건네는 한마디의 말이 경계심을 누그러뜨립니다. 선한 관계의 기초가 됩니다.

성숙한 교제는 그 사람의 아름다움을 먼저 보려는 마음가짐에서 시작됩니다. 신앙 공동체는 서로를 평가하는 곳이 아니라, 서로가 가지고 있는 좋은 점을 발견하고 드러내는 곳이어야 합니다. 그럴 때 하나님께서 그 공동체 안에 당신의 사랑과 은혜를 더욱 선명하게 나타내실 것입니다. "철이 철을 날카롭게 하는 것 같이 사람이 그 친구의 얼굴을 빛나게 하느니라"(잠 27:17).

> **함께 나누어요 ❺**
>
> **'장점에 먼저 주목하는 태도!' 이것에 가까운 행동은 무엇인가요?**
> ① 대화의 시작을 칭찬 한마디로 연다.
> ② 모임을 가질 때 사람들의 단점 목록부터 확인한다.
> ③ 모임 후 비공개로 뒷담화한다.
> ④ 최근에 있었던 사실을 얘기하면서 구체적으로 칭찬한다.
> ⑤ 장점이 안 보이면 그냥 침묵하고 넘어간다.
> ⑥ 다른 사람과 비교하면서 칭찬한다.

6. 교제의 중심을 말씀 중심에 두는 것(Word-centered)

깊은 믿음의 교제가 이루어지려면 말씀 안에서 생각과 마음을 나누고, 그 말씀을 기준 삼아서 교제의 끈을 이어가야 합니다. 교회는 단순히 인간관계로 이루어진 모임이 아니라, 말씀 위에 세워진 신앙 공동체입니다. 그렇기 때문에 소그룹 안에서의 교제도 말씀 중심으로 이루어져야 합니다. 지난 주일 예배 시간에 들은 설교 말씀을 함께 돌아보고 나누는 것을 모임의 중심으로 삼아야 합니다. 말씀을 나누다 보면, 서로의 삶 속에서 하나님이 어떻게 역사하고 계신지를 자연스럽게 알 수 있습니다. 같은 말씀을 들은 후에 다양한 생각과 마음을 나눌 때, 깊은 영적 친밀감이 형성됩니다. 이때 각 지체들은 한 주간동안 적용할 작은 순종 한 가지를 정하고, 다음 만남에서 점검하는 시간을 갖는 것도 괜찮습니다.

말씀 중심의 교제는 단순히 마음을 나누는 것을 넘어서, 믿음을 함께 세워가는 시간입니다. 내가 받은 은혜를 나눌 때, 그것이 누군가에게 큰 위로와 도전이 될 수 있습니다. 하나님의 말씀을 교제의 중심에 두는 공동체는 영적으로 방향감각을 잃지 않습니다. 하나님의 말씀으로 서로를 바라볼 때, 그 모임의 교제가 말씀 중심의 교제로 우뚝 서게 됩니다. "그리스도의 말씀이 너희 속에 풍성히 거하여 모든 지혜로 피차 가르치며 권면하고…"(골 3:16 상).

최근에 담임목사님의 설교를 듣고 내 삶에 힘이 되거나 위로가 되었던 순간이 있었나요?

① 지난 주일에 들은 설교 말씀이 나의 상황과 똑같아서 깜짝 놀랐다.

② 설교 중에 예화가 너무 인상 깊어서 그 주 내내 떠올리면서 위로를 받았다.

③ 말씀을 듣고 나서 눈물이 났다. 오래 묵혀둔 감정이 풀린 느낌이었다.

④ 말씀에 순종했더니 마음이 평안해졌다.

⑤ 설교 중에 듣고 메모한 문장이 계속 생각이 나서, 매일 들여다보고 있다.

⑥ 평소에는 설교에 집중을 잘하지 못했는데, 이상하게 그날은 설교에 집중했다. 그 내용을 아직도 생생하게 기억하고 있다.

7. 지속적으로 신뢰를 쌓아가는 것(to Build Trust)

깊은 믿음의 교제가 이루어지려면 말과 행동이 일치하는 신실함으로 지속적인 신뢰를 쌓아가야 합니다. 신뢰는 하루아침에 세워지는 것이 아니라, 시간과 일관성 속에서 천천히 자라가는 열매입니다. 소그룹 안에서 누군가의 말과 마음을 소중히 여길수록 신뢰가 자라게 됩니다. 말과 행동의 일치, 경청과 공감, 작은 약속을 구체적으로 지키는 습관, 들은 이야기를 함부로 옮기지 않는 비밀 보장, 그리고 필요한 경우 신속한 후속 조치와 같은 사소해 보이는 행동들이 신뢰를 낳고 자라게 합니다. 이렇게 쌓인 신뢰는 건강한 교제를 지속 가능하게 하면서, 공동체를 안정되게 지탱해 줍니다.

신뢰는 서로를 믿고 기대게 만드는 관계의 기둥입니다. 갈등이 생겼다 하더라도 신뢰가 기둥으로 우뚝 서 있으면, 그 관계는 다시 회복될 수 있습니다. 소그룹의 지체들은 작은 말과 행동 속에서 서로에게 향한 신뢰를 쌓아가며, 하나님과 사람 앞에서 더욱 믿음직한 동역자들로 세워져 가야 합니다. "3 인자와 진리가 네게서 떠나지 말게 하고 그것을 네 목에 매며 네 마음판에 새기라 4 그리하면 네가 하나님과 사람 앞에서 은총과 귀중히 여김을 받으리라"(잠 3:3-4).

소그룹에서 신뢰를 무너뜨리는 습관에 무엇이 있을까요?

① 당사자의 동의 없이 그 사람이 했던 얘기를 다른 사람과 공유하는 것

② 약속한 것을 자꾸 미루는 것

③ 잦은 지각과 불참

④ 소문과 추측을 사실처럼 말하는 것

⑤ 감정만 이야기하고 본질은 회피하는 것

⑥ 진솔한 어투로 중보기도 문자를 보내는 것

‘믿음의 교제’가 단순한 친목과 어떻게 다른지를 잠시 생각해 보고, 한 문장으로 적어보시기 바랍니다.

지금까지 "믿음의 교제"라는 주제로 성경 공부를 하였습니다. 성경 공부를 통해서 깨달은 점이나 마음에 남은 은혜나 새롭게 얻은 통찰을 간단하게 적어 보시기 바랍니다. 이 기록이 앞으로 하나님과 함께 걸어갈 믿음의 여정을 새롭게 준비하는 소중한 흔적이 될 것입니다.

예시

성경 공부를 통해서 '혼자만의 믿음'이 아니라 '함께 세워져 가는 믿음'이 얼마나 중요한지를 깨달았습니다. '진솔한 나눔'과 '중보기도', 그리고 '작은 약속을 지키는 습관'이 공동체를 따뜻하고 든든하게 세운다는 점에서 많은 도전이 되었습니다. 이제는 소그룹에서 더 용기 있게 마음을 열고 싶다는 생각을 해 봅니다. 하나님 안에서 함께 웃고 울고 기도하는 소그룹이 있음이 얼마나 귀한 선물인지를 다시금 깨달았습니다.

성경 공부를 통해서 얻은 통찰 메모하기

10과. 믿음의 확신

믿음의 확신은 하나님과 동행하면서 자라가는 믿음의 열매입니다. 그 시작은 '내가 한 일'에 있지 않고, 하나님께서 그리스도 안에서 이미 이루신 '복음을 믿는 데에' 있습니다. 성령의 조용한 증언과 기도 가운데 경험하는 하나님의 임재가 믿음의 흔들림을 가라앉힙니다. 때로는 마주하는 고난을 지나는 중에 생겨난 변화와 맺은 열매들로 인해서 믿음의 확신이 또렷해질 때도 있습니다. 이 확신은 흔들리는 세상 속에서도 성도를 굳건히 세우면서, 하나님께 영광을 돌리는 담대한 삶으로 이끕니다. 믿음의 확신은 신앙인들로 하여금 두려움을 이기게 하고, 소망 가운데 오늘을 기쁘게 살아가게 합니다.

[들어가면서]

가끔 마음이 들쑥날쑥할 때가 있습니다. 어떤 날은 하나님을 굳게 믿는다고 생각했는데, 어떤 날은 사소한 일 하나에도 마음이 무너지곤 합니다. 누군가가 이런 말을 했습니다. "믿음은 감정의 문제가 아니다. 믿음에 있어서 중요한 것은 흔들릴 때마다 다시 중심을 잡는 돌아섬이다."

공감이 가는 말입니다. 믿음의 확신은 단숨에 생기기보다는, 삶을 살아가면서 조금씩 쌓여가는 것 같습니다. 작은 순종, 응답받은 기도, 뜻밖의 위로,

고난 속에서도 지켜주신 하나님 경험들이 모여서 나의 믿음이 옳음을 확신하게 됩니다. 또 주변의 누군가가 보여주는 변함없는 신앙이 내 믿음을 붙잡아 줄 때도 있습니다. 결국 믿음의 확신은 나의 삶 전체에서 하나님과 함께 만들어 가는 이야기인 것 같습니다. 우리 신앙인들은 오늘도 흔들릴지라도, 다시 하나님께 돌아가서 그분을 신뢰하는 걸음으로 믿음의 이야기를 만들어 가는 사람들입니다.

1. 복음을 바로 이해할 때 믿음이 자라감(to Understand the Gospel)

믿음의 확신은 복음의 진리를 바르게 이해할 때 자라갑니다. 확신이 부족한 이유는 구원을 자신의 행위나 감정에 기반해서 생각하기 때문입니다. 성경은 구원이 전적인 하나님의 은혜의 선물이라고 선언합니다(엡 2:8). 하나님께서 죄인인 나를 먼저 사랑하셔서, 예수 그리스도를 통해서 구원의 길을 여셨습니다. 이 복음을 바로 이해하면, 나의 심중에 흔들리지 않는 믿음의 기초가 세워집니다.

믿음의 확신은 '내가 얼마나 열심히 하느냐'가 아니라, '하나님께서 이루신 일을 믿느냐'에 달려 있습니다. 복음의 핵심은 '예수님께서 나의 죄를 대신 지시고 죽으셨다가 부활하심으로 나에게 영원한 생명을 주셨다'는 데에 있습니다. 이 진리를 마음 깊이 새길 때 믿음의 확신이 가슴 깊은 곳에 자리를 잡습니다. 복음은 신앙생활의 시작점이 아니라, 끝까지 성도를 붙잡는 능력입니다. "내가 진실로 진실로 너희에게 이르노니 내 말을 듣고 또 나 보내신 이를 믿는 자는 영생을 얻었고 심판에 이르지 아니하나니 사망에서 생명으로 옮겼느니라"(요 5:24).

지금 나눈 내용의 핵심에 가까운 한 문장은 무엇일까요?
　① 많이 노력하면 믿음의 확신이 생긴다.

② 좋은 감정이 생겨나면 확신도 자동으로 커진다.

③ 하나님이 그리스도 안에서 이루신 일을 믿을 때 확신이 선다.

④ 내 공로와 선행이 확신의 기초다.

⑤ 공동체의 평판이 좋으면 확신이 생긴다.

⑥ 죄책감을 오래 느끼는 중에 믿음의 확신이 깊어진다.

2. 성령의 증거로 입증됨(Testimony of the Holy Spirit)

믿음의 확신은 성령의 증거로 입증됩니다. 믿음은 감정의 문제를 뛰어넘습니다. 성령께서 그 내면에 당신의 음성을 들려주시면서, 성도로 하여금 하나님의 자녀임을 확신시켜 주십니다. 바울은 로마서 8장에서 "성령이 친히 우리의 영과 더불어 우리가 하나님의 자녀인 것을 증언하신다"고 선언합니다(롬 8:16). 성령의 증거는 외적인 증거는 아니며, 성도의 내면 깊은 곳에 자리를 잡는 조용하지만 명확한 증언입니다. 성령은 우리 안에 거하시면서, 하나님의 구원의 진리를 날마다 새롭게 깨닫게 하시는 분입니다.

성령의 인도하심을 따라 살 때, 점점 더 하나님과의 관계에 확신이 생깁니다. 어떤 경우에는 우리가 말씀을 읽고 묵상할 때, 성령께서 그 말씀을 통해서 우리에게 확신을 주시기도 합니다. 이러한 성령의 내적인 증거 덕분에, 신앙인들은 외적인 환경이나 감정에 흔들리지 않고 믿음을 지켜갈 수 있습니다. 성령의 증거를 통해서 참된 믿음의 확신이 성도의 심령 가운데에 지속적으로 자리하게 됩니다.

함께 나누어요 ❷

다음 중 지금 나눈 내용의 핵심에 가까운 문장은 무엇인가요?

① 특별한 기적을 체험해야만 구원의 확신이 생긴다.

② 바쁜 봉사로 불안을 덮으면 확신이 자란다.

③ 성령이 우리 영과 더불어 자녀 됨을 '내면에서' 증언하신다.

④ 외적 성취가 쌓이면 구원의 확신이 자동으로 생긴다.

⑤ 타인의 칭찬이 많을수록 확신도 커진다.

⑥ 소그룹 규모가 커질수록 확신도 깊어진다.

3. 끊임없는 기도 속에서 강화됨(Continual Prayer)

믿음의 확신은 끊임없는 기도 속에서 강화됩니다. 믿음은 하나님과의 살아 있는 교제를 통해서 깊어집니다. 기도는 하나님과 인격적으로 교제하는 시간으로서, 그분이 나의 목소리를 들으시고 응답하신다는 믿음을 키우는 시간입니다. 기도는 단순히 요청이 아니라, 하나님을 바라보는 태도이며, 그분의 신실하심을 신뢰한다는 고백입니다. 기도할수록 하나님의 임재를 깊이 경험하게 되고, 그 안에서 믿음의 확신도 견고하게 세워집니다.

성도는 흔들릴 때마다 기도하면서 하나님께 다시 붙들리면서, 믿음의 중심을 회복하는 사람입니다. 규칙적인 기도는 하나님의 손을 붙잡게 해 주어서 그 심령 가운데에 안정감을 줍니다. 깊은 기도 중에 들리는 하나님의 음성은 세상이 주지 못하는 확신과 평안을 심어줍니다. 깊은 기도 속에서 신앙인들은 '내가 하나님의 자녀'라는 확신을 더 분명하게 붙잡을 수 있습니다. "그러므로 우리는 긍휼하심을 받고 때를 따라 돕는 은혜를 얻기 위하여 은혜의 보좌 앞에 담대히 나아갈 것이니라"(히 4:16).

함께 나누어요 ❸

다음 중 조용하게 기도하던 중에 들은 하나님의 음성으로 여겨지는 흔적은 무엇인가요?

① 그것이 성경과 일치하면서, 계속되는 평안이 따른다.

② 아무런 검증 없이 '지금 당장' 행동할 것을 재촉한다.

4. 순종을 통해서 깊어짐(Obedience)

믿음은 순종으로 이어질 때 더욱 견고해집니다. 순종은 하나님을 신뢰하는 데서 오는 믿음의 표현입니다. 하나님의 말씀에 순종할 때, 하나님이 살아 계신다는 확신이 더 분명해집니다. 성도는 말씀에 순종하면서 마음에 평안과 기쁨이 자리 잡는 경험을 하는 사람입니다. 이 평안과 기쁨이 그가 하나님과 연결되어 있다는 증거가 됩니다.

성도는 순종을 통해 하나님의 손길을 경험하며, 그 안에서 믿음의 확신이 자라납니다. 말씀에 순종할수록 하나님의 뜻이 더 잘 분별되고, 하나님의 인도하심이 더 선명해집니다. 하나님의 뜻에 순종할수록, 하나님이 나를 붙들고 계신다는 확신이 심령에 강하게 뿌리내립니다. 이처럼 믿음의 확신은 말씀에 순종하는 삶 가운데 '조용히' 그러나 '분명히' 자리 잡습니다. "주의 말씀대로 나를 붙들어 살게 하시고 내 소망이 부끄럽지 않게 하소서"(시 119:116).

5. 고난을 극복하면서 깊어짐(to Overcome Suffering)

평안할 때보다 고난의 시간을 지나면서 믿음이 더욱 깊어집니다. 고난이 믿음을 시험할 때도 있지만, 동시에 하나님께 더 가까이 나아가도록 만들기도 합니다. 따라서 고난은 감정의 흔들림을 넘어서, 하나님이 누구이신지를 더 분명하게 붙드는 기회입니다. 욥은 극심한 고통 속에서도 하나님을 떠나지 않았고, 결국 하나님에 대한 이해와 확신이 더욱 견고해졌습니다.

고난 중에 '하나님이 나를 버리셨는가'라는 의문이 드는 순간을 나의 믿음을 점검하는 계기로 삼으시기 바랍니다. 그 순간에 하나님의 선하심을 신뢰하면서 붙잡아야 합니다. 하나님은 고난 가운데 계시면서, 성도를 단련하여 정금처럼 나오게 하시는 분이십니다. 고난의 끝에서 성도가 얻게 되는 것은 단순한 해결을 넘어서, '하나님이 나와 함께 하셨다'는 것을 움켜잡는 믿음의 확신입니다.

성도는 고난을 회피하는 사람이 아니라, 고난을 통해서 믿음의 터전을 견고하게 세워가는 사람입니다. "네가 물 가운데로 지날 때에 내가 너와 함께 할 것이라 강을 건널 때에 물이 너를 침몰하지 못할 것이며 네가 불 가운데로 지날 때에도 타지 아니할 것이요 불꽃이 너를 사르지도 못하리니"(사 43:2).

① 문제 해결 = 확신 완성

② 해결 유무를 넘어서 '하나님이 함께하셨다'는 인식이 깊어진다.

③ 눈물의 양만큼 확신도 증가한다.

④ 주변 사람들의 칭찬만큼 확신도 증가한다.

⑤ 내가 계획한 것을 달성하는 만큼, 확신도 깊어진다.

⑥ 기적 체험이 없으면 확신할 수 없다.

6. 열매로 증명됨(Fruit)

참된 믿음은 열매를 통해서 증명됩니다. 하나님을 진심으로 믿는 사람은 그 믿음을 삶에서 열매로 드러냅니다. 그 열매는 내가 스스로 만들어 내는 것이 아니라, 하나님이 맺게 하시는 것입니다. 그 열매가 인격의 변화일 수도 있고, 다른 사람에게 선한 영향력을 끼치는 삶일 수도 있습니다. 자신의 삶을 돌아보면서 '이전과 달라진 점'을 스스로 발견할 때, 나로 하여금 열매를 맺게 하신 하나님께 감사하면서 믿음의 확신도 함께 자랍니다.

열매는 하나님이 나의 삶 가운데 역사하신다는 분명한 표시입니다. 내가 아니라 하나님이 나를 통해서 일하셨다는 흔적이 열매입니다. 신앙인들은 열매 있음이 하나님께서 지금 나를 사용하고 계신다는 증거가 됨을 신뢰해야 합니다. 나의 열매로 인해서 믿음의 확신이 더욱 견고해집니다. "이와 같이 좋은 나무마다 아름다운 열매를 맺고 못된 나무가 나쁜 열매를 맺나니"(마 7:17).

다음 중 지금 나눈 내용의 핵심에 가까운 한 문장은 무엇인가요?

① 열매를 하나님이 맺게 하시기에 참된 믿음은 열매로 드러난다.

② 감정이 뜨거우면 그것이 곧 열매다.

7. 신앙 공동체 안에서 자라감(Faith Community)

신앙 공동체 안에서 믿음의 확신이 자라갑니다. 혼자의 결단으로 믿음이 시작되지만, 혼자만으로는 믿음이 성장하기 어렵습니다. 하나님은 우리가 신앙의 여정을 함께 걸어가도록 신앙 공동체를 선물로 주셨습니다. 공동체에서 함께 예배하고, 함께 기도하고, 함께 삶을 나누는 가운데 믿음의 뿌리가 점점 더 깊어집니다.

공동체 안에서는 나의 연약함을 숨기지 않아도 됩니다. 연약함을 드러내는 중에 누군가의 격려가 내 믿음을 다시 일으키고, 누군가의 위로가 나의 눈물을 닦아줄 수 있습니다. 외로울 때 누군가의 기도가 나를 붙들어 주기도 하고, 넘어졌을 때 누군가의 믿음의 손길이 나를 다시 일으켜 주기도 합니다. 공동체에서 같은 말씀을 듣고 은혜를 나누면서, 하나님이 살아계심을 함께 고백할 수 있습니다.

신앙 공동체의 믿음의 식구들은 천국을 향한 순례자의 길을 함께 걷는 동역자들입니다. 이 공동체 안에서 나의 믿음의 확신이 더 견고해지면서, 하나님 나라를 함께 바라보게 됩니다. "9 두 사람이 한 사람보다 나음은 그들이 수고함으로 좋은 상을 얻을 것임이라 10 혹시 그들이 넘어지면 하나가 그 동무를 붙들어 일으키려니와…"(전 4:9-10상).

함께 나누어요 ➐

신앙생활 중에 외로움과 낙심이 밀려올 때 어떻게 하는 것이 바람직할까요?

① 모두 사람들과 조용히 연락을 끊는다.

② 신앙 공동체의 신뢰할 만한 사람에게 솔직히 털어놓으면서 도움과 중보기도를 요청한다.

③ 실패의 감정이 사라질 때까지 방에 들어가서 나오지 않는다.

④ SNS에 넋두리만 올린다.

⑤ 모든 모임을 끊고 혼자서 해결한다.

⑥ 문제를 과장해서 사람들의 관심을 끈다.

함께 나누어요 ❽

누군가의 신앙 간증을 들을 때 바른 태도는 무엇인가요?

① '나는 왜 저렇게 못 하지' 하면서 그 사람과 나를 비교한다.

② 하나님이 하신 일을 찬양하고, 내 자리에서 내가 할 수 있는 작은 순종이 무엇인지를 생각해 본다.

③ 감동만 받고 끝낸다.

④ 간증의 허점을 찾아서 냉정하게 평가한다.

⑤ 내 경험을 가지고 그의 간증을 비판한다.

⑥ 간증자에게 인증샷을 요구한다.

함께 나누어요 ❾

믿음의 확신이 흔들릴 때 나를 다시 붙잡아 주는 것이 무엇인가요?

지금까지 "믿음의 확신"이라는 주제로 성경 공부를 하였습니다. 성경 공부를 통해서 깨달은 점이나 마음에 남은 은혜나 새롭게 얻은 통찰을 간단하게 적어 보시기 바랍니다. 이 기록이 앞으로 하나님과 함께 걸어갈 믿음의 여정을 새롭게 준비하는 소중한 흔적이 될 것입니다.

예시

돌이켜보니 하나님께서 내 믿음이 연약할 때마다 다양한 방법으로 확신의 증거를 보여주셨음을 돌아보면서 하나님께 감사하게 됩니다. 특히 성령께서 내 마음에 조용히 증언하시는 그 음성이야말로, 흔들리지 않는 믿음의 확신의 근거가 된다는 사실이 깊은 위로로 다가왔습니다. 흔들릴 때마다 다시 복음으로 돌아가서, 하나님께서 내 안에 심어주신 믿음을 견고하게 붙들면서 살아가겠습니다.

참고도서

김균진. 『기독교 조직신학 Ⅳ』, 연세대학교출판부, 2002.

김균진. 『기독교 조직신학 Ⅴ』, 연세대학교출판부, 2005.

김동건. 『모든 사람에게:김동건의 신학 이야기』, 대한기독교서회, 2014.

김명용. 『죽음 이후에는 어떻게 될까?』, 온신학출판사, 2024.

김세윤. 『구원이란 무엇인가?』, 두란노, 2003.

김세윤. 『복음이란 무엇인가?』, 두란노, 2003.

김세윤. 『예수와 바울』, 두란노, 2003.

김지철. 『미명의 그리스도인』, 아드폰테스, 2015.

다니엘 레슬리 밀리오리, 신옥수 역. 『기독교 조직신학 개론:이해를 추구하는 신앙』, 새물결플러스, 2021.

레온하르트 고펠트, 박문재 역. 『신약신학』, 크리스챤다이제스트, 2007.

로버트 찰스 스프로울, 이제롬 역. 『인간은 과연 선한 존재인가?』, 생명의말씀사, 2025.

미하엘 벨커, 김회권 외. 『하나님의 형상으로 창조된 인간:영 인간학』, PCKbooks, 2022.

스탠리 제임스 그렌츠, 신옥수 역. 『조직신학:하나님의 공동체를 위한 신학』, 크리스챤다이제스트, 2003.

신옥수. 『이토록 따스한 성령님』, WPA, 2023.

안토니 앤드류 후크마, 류호준 역. 『개혁주의 구원론』, 기독교문서선교회, 2003.

안토니 앤드류 후크마, 류호준 역. 『개혁주의 인간론』, 기독교문서선교회, 1993.

안토니 앤드류 후크마, 류호준 역. 『개혁주의 종말론』, 기독교문서선교회, 1998.

알리스터 맥그라스, 김선일 역. 『복음주의와 기독교적 지성』, IVP, 2005.

알리스터 맥그라스, 김석원 역. 『생명으로 인도하는 다리』, 서로사랑, 2002.

알리스터 맥그라스, 김기철 역. 『신학이란 무엇인가:Reader』, 복있는사람,

2021.

윤철호. 『너희는 나를 누구라 하느냐?』, 대한기독교서회, 2003.

윤철호. 『인간:인간의 본성과 운명에 관한 학제간 대화』, 새물결플러스, 2017.

이오갑. 『칼뱅의 인간』, 대한기독교서회, 2012.

정성욱. 『스피드 조직신학』, 홍성사, 2006.

제임스 이넬 패커, 손영배 역. 『은혜를 아는 지식』, 쉴만한물가, 2002.

제임스 이넬 패커, 정옥배 역. 『하나님을 아는 지식』, 한국기독학생회출판부, 2003.

조지 엘던 래드. 『신약신학』, 대한기독교서회, 2005.

존 머레이, 박문재 역. 『조직신학 Ⅱ』, 크리스챤다이제스트, 2001,

존 스토트, 정옥배 역. 『비교할 수 없는 그리스도』, IVP, 2003.

존 스토트, 한화룡 역. 『온전한 그리스도인』, IVP, 2014.

최윤배. 『개혁신학 입문』, 장로회신학대학교출판부, 2015.

최윤배. 『구원은 하나님 은혜의 선물』, 킹덤북스, 2016.

최윤배. 『조직신학 입문』, 장로회신학대학교출판부, 2013.

최윤배. 『깔뱅신학 입문』, 장로회신학대학교출판부, 2012.

케네스 보아, 이정곤 역. 『하나님, 그것이 알고 싶어요?』, 기독교문화사, 1994.

클라이브 스테이플스 루이스, 장경철 역. 『순전한 기독교』, 홍성사, 2003.

테렌스 리로이 니콜스, 김연수 역. 『죽음과 죽음 이후:그리스도인의 위대한 희망, 죽음을 어떻게 대할 것인가?』, 샘솟는기쁨, 2024.

피터 젠센, 김재영 역. 『하나님의 계시』, IVP, 2008.

한스 요아힘 크라우스, 박재순 역. 『조직신학:하나님의 나라, 자유의 나라』, 한국신학연구소, 2000.

헤르만 바빙크, 박태현 역. 『개혁교의학 1』, 부흥과개혁사, 2011.

헤릿 코르넬리스 베르까우어, 이승구 역. 『개혁주의 교회론』, 기독교문서선교회, 2006.

Louis Berkhof. 『Systematic Theology』, Eerdmans Publishing, 1996.

[1과]
1. 모두 답이 될 수 있음
2. 모두 답이 될 수 있음
3. 모두 답이 될 수 있음
4. 모두 답이 될 수 있음
5. 모두 답이 될 수 있음
6. 모두 답이 될 수 있음
7. ⑥ (나머지도 답이 될 수 있음)
8. 모두 답이 될 수 있음
9. 주관식 예시 답변 - "큰 병으로 수술을 앞두고 두려움에 눌려 있었는데, '내가 너를 결코 버리지 아니하리라'는 말씀을 붙들며 기도했습니다. 결과를 모르는 가운데서도 하나님께 그 상황을 맡기자 마음이 이상할 만큼 평안해 졌고, 그 평안이 힘든 그 상황을 끝까지 견디게 하는 힘이 되었습니다."

[2과]
1. ⑥
2. 모두 답이 될 수 있음
3. ⑥ (나머지도 답이 될 수 있음)
4. ③
5. ①
6. ①
7. ⑤ (나머지도 답이 될 수 있음)
8. 모두 답이 될 수 있음
9. 주관식 예시 답변 - "하나님을 신뢰하는 믿음이 제 삶의 속도를 늦추어 주 었습니다. 서두르지 않고 기도하며 기다리게 하셨고, 그 기다림 속에서 제 마음과 성품도 함께 성장한 것 같습니다."

[3과]

1. ⑤

2. 모두 답이 될 수 있음

3. 모두 답이 될 수 있음

4. ⑥

5. ②

6. 모두 답이 될 수 있음

7. 모두 답이 될 수 있음

8. 주관식 예시 답변 - "예전 같으면 불평부터 나왔을 상황에서, 먼저 기도하고 하나님의 뜻을 묻고 있는 나 자신을 볼 때 믿음이 자라고 있다는 것을 느낍니다. 상황보다 말씀을 먼저 떠올리는 순간이 조금씩 많아지고 있습니다."

[4과]

1. 모두 답이 될 수 있음

2. 모두 답이 될 수 있음

3. 모두 답이 될 수 있음

4. 모두 답이 될 수 있음

5. ③

6. 모두 답이 될 수 있음

7. 모두 답이 될 수 있음

8. 모두 답이 될 수 있음

9. 주관식 예시 답변 - "저는 직장에서 믿음을 실천하는 것이 가장 어렵습니다. 성과와 경쟁이 중요한 분위기 속에서, 신앙의 가치보다 눈앞의 결과를 따라가고 싶은 유혹이 자주 찾아오기 때문입니다."

[5과]

1. ② ③

2. ③

3. ① ② ③ ④ ⑤

4. 모두 답이 될 수 있음

5. ① ② ④ ⑤

6. ① ② ③ ④ ⑤

7. 모두 답이 될 수 있음

8. 모두 답이 될 수 있음

9. 주관식 예시 답변 - "믿음이 깊어질수록 내 주장을 내려놓으면서 다른 사람을 세워주고 배려하려는 마음이 커지는 것 같습니다. 하나님께 사랑을 받은 만큼, 삶의 태도에 온유함과 겸손이 더 많이 드러난다고 생각합니다."

[6과]

1. ① ③ ④ ⑤ ⑥

2. ⑤ ⑥ (나머지도 답이 될 수 있음)

3. 모두 답이 될 수 있음

4. 모두 답이 될 수 있음

5. ⑥ (나머지도 답이 될 수 있음)

6. 모두 답이 될 수 있음

7. 모두 답이 될 수 있음

8. 주관식 예시 답변 - "저는 아침마다 말씀을 읽고 묵상하는 습관이 믿음 성장에 가장 큰 영향을 끼친다고 느낍니다. 하루를 시작하기 전에 하나님의 시선과 마음을 먼저 붙잡을 때, 나의 생각과 태도가 많이 달라집니다."

[7과]

1. 모두 답이 될 수 있음

2. 모두 답이 될 수 있음

3. 모두 답이 될 수 있음

4. 모두 답이 될 수 있음

5. 모두 답이 될 수 있음

6. ⑥

7. 모두 답이 될 수 있음

8. 주관식 예시 답변 - "유혹을 이겨 낼 때마다 하나님을 더욱 사랑하고 두려워한다는 고백이 '말'이 아니라 '실제'가 되는 것 같습니다. 그런 선택들이 쌓일수록 하나님과의 친밀감이 더욱 깊어져 가는 것을 느낍니다."

[8과]

1. 모두 답이 될 수 있음

2. 모두 답이 될 수 있음

3. 모두 답이 될 수 있음

4. 모두 답이 될 수 있음

5. ②

6. 모두 답이 될 수 있음

7. 모두 답이 될 수 있음

8. 주관식 예시 답변 - "깊은 걱정과 불안 때문에 잠을 이루지 못하던 밤, '두려워 말라 내가 너와 함께 함이니라'는 말씀이 떠올랐을 때 믿음이 나를 붙잡아 준다고 느꼈습니다. 상황은 그대로였지만, 그 순간에 말로 설명하기 어려운 평안이 찾아왔습니다."

[9과]

1. 모두 답이 될 수 있음

2. 모두 답이 될 수 있음

3. 모두 답이 될 수 있음

4. ③

5. ① ④

6. 모두 답이 될 수 있음

7. ⑤

8. ① ② ③ ④ ⑤

9. 주관식 예시 답변 - "믿음의 교제는 모임의 중심에 '우리'가 아니라 '주님'이 계시고, 그분을 더 닮아가도록 서로를 돕는 영적인 동행입니다."

[10과]

1. ③

2. ③

3. ①

4. ①

5. ② ③

6. ①

7. ②

8. ②

9. 주관식 예시 답변 - "삶을 돌아보면서 하나님께서 지금까지 인도하신 흔적들을 하나씩 떠올릴 때, 자연스럽게 '앞으로도 붙들어 주시겠지'라는 믿음이 다시금 생깁니다. 과거의 은혜가 현재의 흔들림을 이겨내게 만드는 힘이 됩니다."